社会学の歴史

奥井智之——[著]

東京大学出版会

A History of Sociology
Tomoyuki OKUI
University of Tokyo Press, 2010
ISBN 978-4-13-052023-2

社会学の歴史　目次

イラストレーション・谷山彩子

はじめに

●創造のドラマ

大型書店の社会学のコーナーに行ったり、インターネット書店の社会学のサイトを開いたりすると、社会学の新刊書が毎月続々と出ていることが分かる。この場合個々の書物を待ち受ける運命は、かなり残酷である。なかにはもちろん、ロングセラーとしての地位を築く書物もある。しかし大半の書物は、広大な書物の海のなかに徐々に身を沈めていくだけである。これに類するドラマは、図書館でも日々演じられている。新刊書は最初、新着図書の書架におかれて、人目をひく。しかしそれは、ほどなく通常の書架に移される。そしてやがては書庫に収められるというのが、その一般的な経路であろうと思う。ところで読者の皆さんは、図書館の書庫に入ったという経験をおもちであろうか。そこは総じて、薄暗く、人気《ひとけ》がなく、少々カビ臭い空間である。そこでは万巻の書物が、ひっそりと読者を待ち受けている。なかにはおそらく、何十年もの間一度も借り手のつかない書物もあるのであろう。

そういう書物の存在を思うと、わたしたちはそこを書物の墓場とも呼びたくなる。しかしそこは、けっして墓場ではない。本来読書は、書き手あるいは作り手と読み手の間の一つのコミュニケーションの過程である。その際書き手あるいは作り手が故人であることは、このコミュニケーションの回路を遮断するものではない。それは書物が、知識ないしは情報の記憶装置であるからである。あとは読み手が、それをどう生かすかということにかかっている。たとえば聖書は、二千年くらい前に生まれた書物ということになろう。しかしそれは、いまだに社会学的なインスピレーションの源泉たりえている。書物のなかの書物ともいうべき聖書（英語の bible は元々、書物を意味する言葉である）を引き合いに出すことは、どうかとは思う。しかし書庫のなかの書物は、つねに眠りから覚め、生き生きと動き出す可能性を秘めている。それを可能にするものは、わたしたちの創造的な読書以外にはない。

本書でわたしは、社会学の歴史をたどりたいと思う。しかし社会学の歴史をたどるといっても、その活動範囲《フィールド》を確定することが最初の難題である。というのも社会学的なコミュニケーションは、さまざまな媒体を通して行われるからである。たとえば書籍、論文、草稿、書簡、講義、講演、談話などが、それにあたる。ひょっとして読者の皆さんのなかには、「草稿や書簡や談話を扱うことに何の意味があるのか」といぶかる向きもあるかもしれない。しかし偉大な社会学者ともなれば、草稿や書簡や談話までもが扱われるのは学界の常識である。そしてそれは、必ずしも重箱の隅を楊枝でほじくる作業ともいえない（たとえばマルクスの『経済学・哲学草稿』は、マルクスの思想を研究する上で無視できない資料となっている)。したがって本来は、ありとあらゆる資料が社会学史の研究対象となる。しかし本書は、一冊のコンパクトな書物で社会学史の全貌を明らかにすることを目標としている。

したがって最初に、ここで取り上げる資料には大きな制約のあることを断っておかねばならない。すなわちここでは、偉大な社会学者の主要な著作をたどることに活動範囲を限定している。このような偉人あるいは英雄中心の歴史学は今日では、あまり好まれないアプローチと化しつつあるかもしれない。どちらかといえば無名の人々の歴史をたどることが、今日の歴史学の一つの流行であるからである。あるいは社会学史の領域でも、そのようなアプローチは可能かもしれない。しかし学問の歴史は、一般の歴史とは決定的に異なる性格をもっている。というのも学問の歴史は、つまるところ数々の傑出した学者による**理論的な突破《ブレイクスルー》**の過程であるからである。かつてアメリカの社会学者R・A・ニスベットは、社会学が芸術形式としての一面をもつことを主張した(『芸術形式としての社会学』)。社会学者が学説を創造する過程は、芸術家が作品を創造する過程とそれほども違わないというのである。

もちろん社会学は、学問の範疇《カテゴリー》に属している。したがって社会学説の論証の過程は、学問的なものでなければならない。しかし社会学説の創造の過程には、芸術的な側面がたしかに存在している。すなわち社会学説は、それ自体社会学者のインスピレーションやイマジネーションの産物としての側面をもつ。そして傑出した社会学者のインスピレーションやイマジネーションこそが、かれらの理論的な突破の原動力であることが認められてしかるべきである。——ここでは以下の一二の章を通じて、そのような社会学的な創造のドラマを読み解いていきたいと思う。その際わたしは、一人の観客である。というのもわたしは、けっして傑出した社会学者ではないからである（そしてそれは、読者の皆さんの大半にも共通することではないかと思う）。わたしはここで、社会学史の舞台に上がろうとするのではない。むしろ舞台上で演じられる、種々のドラマを見て取ることがここでの主題なのである。

●奇人変人伝

本書は社会学史を、数々の社会学者による創造のドラマとして読み解く試みである。その際一つの問題は、この創造のドラマが個人的なものであるのか、それとも社会的なものであるのかということである。前者の場合わたしたちは、社会学者の個人史に主要な関心をおくことになるであろう。つまりは社会学者の独創的な発想の秘密を、かれらの個人的な資質に求めるという作業を行うことになるであろう。これに対して後者の場合、個人史の背景としての社会史にも相応の注意を払うということになるであろう。すなわち社会学説もまた時代の産物である、ということがそこでの理論的な前提となる。その上で社会学者の発想の根源を、その時々の社会的な文脈に尋ねるという作業を行うことになるであろう。いったい社会学史として、この二つのアプローチのどちらがふさわしいのであろうか。この問題に関連してフランス革命期の政治家J・フーシェは、一つの興味深い題材を提供している。

フーシェはナントの船舶商人の家庭に、惣領息子として生まれた。しかし病弱であったために、カトリックの教団学校に入り、その後そこの数学と物理の教師になった。かれの生涯の一大転機となったのは、フランス革命であった。フーシェはナントから国民公会の議員に選出され、ジロンド党（穏健党）に属した。その後かれは、ジャコバン党（急進党）の左派に転じ、反革命派の弾圧の先頭に立った。テルミドールの政変《クーデタ》後フーシェは、いったん政治的に没落する。しかし一七九九年、総裁政府の警務大臣として復活し、一八一五年まで四年間を除いて、その職にとどまった。この間政府は、ナポレオンの統領政府、帝政、さらにはブルボン王朝復活と目まぐるしく変化したにもかかわらずに。そういうことからフーシェを、政治的な変節漢としてとらえる向きもないわけではない。たとえばS・ツヴァイクの小説『ジョゼフ・フーシェ』は、フーシェの変節家ぶりを終始舌鋒鋭く指弾している。

ツヴァイクは書く。「ジロンド党員は倒れたが、フーシェは残った。ジャコバン党員は追われたが、フーシェは残った」と（高橋禎二・秋山英夫訳）。しかし歴史家の服部之《し》総《そう》の評論「ジョゼフ・フーシェ」は、これとはまったく異なる人物としてフーシェを描いている。フーシェは大商工ブルジョアジーの家庭の出身であり、かれ自身は小ブルジョア知識人としての一面ももっていた。その意味ではフーシェが、当初ジロンド党とジャコバン党の狭間《はざま》で揺れ動いたのも、あるいはまた「バブーフの陰謀」以降反プロレタリア的な立場を鮮明にするのも、何ら不思議ではない。これが大略、そこでの服部の主張である。服部はいう。「フーシェはのちに『革命』を裏切る。だが、階級としてのブルジョアジーの利害を、かれはかつて裏切ったことがなかった」と。さしあたりツヴァイクの人間観が心理学的であるのに対して、服部のそれは社会学的であるということができる（なお服部は、大学時代に社会学を専攻している）。

社会学の歴史をたどろうとする本書の基本的な人間観が、社会学的なものであることはいうまでもない。というのも社会学史は、それ自体社会学的な研究の一部であるからである。しかしともすれば、社会学的なものの見かたが図式的なものになりがちであることには注意が必要である（もちろんまったく同じことは、心理学的なものの見かたについてもいえるが）。とりわけ服部之総をとらえて放さないらしい、階級的なものの見かたについてそれはいえる。わたしたちは階級的にものを見ることで、何がしかのことは理解できる。しかしそれによって、すべてのことが理解できるわけではない。すなわちそれは、社会的なものの見かたの一部ではあっても全部ではない。いずれにしても社会学の歴史をたどるにあたっては、柔軟なアプローチが必要である。ある社会学者が理論的な突破を達成したとして、それをかれまたはかの女の階級的な立場からだけ説明することには無理があるからである。

わたしは本書のなかで、社会学者をめぐる挿話《エピソード》や逸話《アネクドート》にも紙数を割きたいと思う。直接的にはそれは、わたし自身も翻訳に関わったR・L・ハイルブローナー著『世俗の思想家たち』の影響である。それは半世紀以上も生き続けている、経済学史の古典である。ハイルブローナーはそこで、数々の卓越した経済学者の人物像を描き出している。――率直にいってそれは、奇人変人伝に類するものである。しかし学者の風貌や人柄とかれらの学問的営為が、けっして無関係ではないことがそこでは明らかにされている。わたしがここで社会学者の伝記的事実を取り上げるのも、そのためである。プルタルコスは『英雄伝』のアレクサンドロスの章で、こういっている。ちょっとした言葉や行動が何万人もの死者を出した大戦闘よりも人間の性格を明示することがある、と。それと同じくちょっとした挿話や逸話が社会学説の創造の秘密を語り出すのではないか、とわたしは願っているのである。

●先人たちの声

社会学の歴史をたどる際に避けて通れない問題は、**社会学の定義**である。というのも社会学を定義することなしに、社会学の歴史をたどることもできないからである。しかし社会学者にとって、社会学を定義することほど厄介な問題もないかもしれない。一つの解答は社会学を、「社会学者がやっている学問」と定義することである。たとえばわたしが、社会学を定義することなしに社会学史を展開するとしよう（そのようなことは社会学史では、間々《まま》行われていると思う）。その際わたしは、種々の社会学者を取り上げることになるであろう。ある意味ではそれが、そこでの社会学者の（外延的）定義である。つまりは社会学史を展開するという作業自体が、社会学を定義するという作業に結びついている。もっとも社会学者はいかなる種族か、という（内包的）定義の問題はそこでは残されたままである。かりに社会学者を、「社会学をやっている人々」と定義しても振り出しに戻るだけである。

わたしは『社会学』（東京大学出版会）で、社会を「人々が相互行為を通じて固有の結合を作り上げている状況」と定義した。この延長線上で社会学を、「社会を対象に固有の研究を行う学問」と定義したらどうであろう。おそらくそこでは、他の社会科学（政治学、経済学、法学など）との差別化が十分に図られないであろう。それは社会学の研究対象を、集団（組織や階級を含む）や家族や地域社会（都市と農山漁村）などに絞り込んだとしても同じである。というのは他の社会科学も、それらについて種々の研究を展開しているからである。それでは社会学の固有の特性は、その方法にあるのか。たしかに社会学の歴史のなかで、さまざまな概念が社会学者の共有財産として相続されている。たとえばジンメルのよそ者、デュルケームのアノミー、ウェーバーの合理化、パーソンズの機能的要件、リースマンの孤独な群衆といった概念は、いまでも社会学者が思考を展開する際の基盤にある。

もっとも何が社会学に固有の方法か、ということを定義するのは（外延的にも内包的にも）難しい。おそらくそれは、他の社会科学の方法とそこここでクロスオーヴァーしているであろう。読者の皆さんはそろそろ、このような話に飽き飽きされてきたと思う。わたしがいいたいのは、ことほどさように社会学の定義は難しいということである。それは浜辺で砂山を築くのと同様に、かたどった端《はな》から崩れていくようなものではなかろうか。ここでは社会学を、とりあえず「社会を対象に固有の研究を行う学問」と定義する。そして歴史的に、そのような学問の種が芽生え、育ち、根づき、枝を張り、花を咲かせ、ついには巨木になるまでの過程を明らかにしたいと思う。一つの学問の歴史をたどる際に歴史家は、そのような繁栄の歴史を無視することはできない。歴史はたしかに、さまざまな出来事の連鎖として絶え間なく進歩しているように見える。しかし歴史は、それほど単純なものであろうか。

W・ベンヤミンは生前、クレーの「新しい天使」という絵を所蔵していたとのことである。その絵にインスピレーションを得て、ベンヤミンは「歴史の天使」についてこう書いた。「歴史の天使は顔を過去に向けている。わたしたちが出来事の連鎖を見て取るところに、かれはただ一つの破局《カタストロフィー》だけを見る。その破局は、瓦礫《がれき》の上に瓦礫を積み重ねては、かれの足下に投げ出していく。天使は、できることならばそこにとどまって、死者たちを目覚めさせ、粉々になったものを元通りにしたいと思う。しかし、楽園から嵐が吹きつけて、翼が激しく煽られているために、天使は翼を閉じることができない。嵐は、背が向いている未来のほうへ、かれを否応《いやおう》なく押し進めていく。その間にも、天使の前の瓦礫の山は、天にも届く勢いで積み上がっていく。わたしたちが進歩と呼んでいるものが、この嵐なのである」と(拙訳)。これは「歴史の概念について」という、ベンヤミンの思想的遺書のなかの一節である。

一九四〇年ベンヤミンは、亡命先のパリでこれを書いた。その後ドイツ軍の接近にともなって、パリを脱出する。そしてスペインへの入国を阻まれるなかで、ピレネー山中で自殺を遂げる。そのような極限的な状況で書かれたことが、ここでのベンヤミンの歴史の概念を制約していることは事実であろう。しかし歴史を出来事の連鎖としてではなく、一つの破局としてとらえようとするそこでのベンヤミンの主張は大いに示唆に富む。わたしは社会学の歴史にも、そのような側面が多分にあるように思うからである。その意味では社会学の歴史をたどることは、「死者たちを目覚めさせ、粉々になったものを元通りにしよう」とする作業にほかならない。いまわたしは、そのような仕事に成算があると確信をもっていうことはできない。しかし少なくともこういうことはできる。——時には過去を振り返り、先人たちの声に耳を傾けることは、社会学の未来を切り開く上で不可欠な手続きである、と。

本書では以下、社会学の歴史の旅に読者の皆さんを案内することになる。そこではさまざまな社会学説と、順次出会うことになるであろう。それらは総じて、同時代の社会についての解釈を試みたものである。マルクスは昔、「哲学者は世界をいろいろに解釈してきただけである」と述べた（『フォイエルバッハに関するテーゼ』）。大切なのは世界の解釈ではなく、その変革であるというのがそこでのかれの主張であった。たしかにマルクスのいうように、社会学者もまた世界をいろいろに解釈してきただけである。しかし何の実践的な関心もなしに、世界を解釈することができないことも事実である。その意味では社会学は、さまざまな世界観がしのぎを削り合う舞台でもある。社会学史とは本来、そのような言葉の戦場をめぐるスリリングな旅である。——さて旅立ちにあたって、イエスが弟子に与えた言葉を引いておこう。それは社会学史の旅に出るわたしたちにも、いくらか教訓的である。

杖一本で出かけよ

1章 • アリアドネの糸

前史

社会状態の外部にはつねに、万人の万人に対する戦争状態が存在する。

——ホッブズ

●失われた環

S・キューブリック監督の『二〇〇一年宇宙の旅』（一九六八年）はいまでも、わたしたちのイマジネーションをかき立てる作品である。それはいま、社会学史の旅に出ようとしているわたしたちにとってもそうである。この映画では冒頭、太古の地球が描かれる。そこではサルが、他の動物とまったく同一の地平で暮らしている。つまりは本能の赴くままに、何の悩みも苦しみもなく暮らしている。必ずしもそれは、サルが幸せな生活をしていたことをいうのではない（実際サルは、他の動物と食料を争ったり、他の動物から襲われたりしている）。そこでは人間的な基準でいうところの、幸福や苦悩の概念そのものが存在していないのである。ところがある日、サルはモノリス（一本石の柱）を発見する。映画のなかでそれは、ほとんど何の前触れもなく生じた出来事として描かれる。そしてそれ以降、サルはサルを超えた存在に変貌する。一つにはそれは、道具を使うことのできる存在である。

その存在は棍棒《こんぼう》（原初的な武器ということになる）を使って、他の動物を撲《なぐ》り殺している。のみならずそこでは、原初的な戦争も描かれている。同類の二つの集団の間で水場をめぐる抗争が生じる、というのがそれである。その際ある存在が、同類を棍棒でめった打ちにするという衝撃的な場面が描かれる。おそらく読者の皆さんは、「その存在」というここでの表現にまどろっこしいものをお感じになるであろう。明らかにそれは、人間もしくは人間の祖先にあたるものである。つまりは道具を使ったり、戦争を行ったりするのは、人間に固有の特性である、そして人間が人間たり得たのは、モノリスを発見したからであるというのがキューブリックの解釈である。要するにそこでは、モノリスがサルからヒトへの飛躍の要因として位置づけられている。——あるいはまたそれは、サルとヒトの間の失われた環《ミッシング・リンク》ともいうべきものであろう。いったいここでいうモノリスとは、何をさすのであろうか。

わたしは時々『二〇〇一年宇宙の旅』を見せては、学生諸君にそう問いかける。それに対してかれらは、こう答えてくれる。ここでいうモノリスは、知恵であり、観念であり、言葉であり、文化であり、宗教であり……、と。おそらくそれらの、どれが正答でどれが誤答であるということはできないであろう。しかしそれでは話が進まないので、モノリス＝知恵ということにしておこう。この場合キューブリックの映画は、**英知人**（Homo sapiens）の誕生の瞬間を描いた作品ということになる。と同時に英知人が、すなわち**工作人**（Homo faber）であることがそこでは描かれている。このことは人間ないしは社会の誕生をめぐって、わたしたちをさまざまな連想へと導く。たとえば旧約聖書『創世記』冒頭の、アダムとイヴの楽園追放の物語はそれと関連している。聖書の説くところアダムとイヴは、神が自身をかたどって作った最初の人間である。二人は最初、エデンの園（楽園）におかれる。

神はかれらにいう。「園のどの木の実を食べてもよい。ただし、知恵の木の実は食べてはならない」と。この神の教えを守っている限り二人は、何の悩みも苦しみもなく暮らしていた。しかし二人は、蛇から知恵の木の実を食べるようそそのかされる。蛇はいう。「それを食べると目が開き、神のように賢くなる」と。そのそそのかしに乗り、知恵の木の実を食べたアダムとイヴは、神の怒りを買い、エデンの園から逐《お》われる。その際神は、二人に与えた罰をこう説く。「お前は働いて、食べ物を得なければならない。……お前は額に汗して、パンを得なければならない」と。そして神は、「エデンの園の東に、ケルビム（知識を司る天使）とぐるぐる回って炎を発する剣をおき、命の木への道を守らせた」という。どれだけ働いても、どれだけ汗しても当初の平穏で、屈託のない生活に戻ることはできない、というのがそこでの教訓であろう。人間は知恵を手にしたことで、まさしく人間となった。

しかしそれは、明らかにアンビヴァレントな状況といわねばならない。知恵を手にしたことで人間は、幸福の意味と同時に苦悩の意味を知ることになったからである。宗教学的にはそれは、人間の原罪と呼ばれるものである。そのような解釈にここで、何か異議を申し立てるつもりはない。ただここでは、それを社会学的に解釈してみたいというだけのことである。さて読者の皆さんは、内心当惑されているかもしれない。なぜ社会学史の書物が、人間あるいは社会の誕生から始まるのか、と。たしかにこれは、社会学史としては異例のスタートである。わたしはいま、社会学史という一つの物語を記そうとしている。その物語は当然、社会学者や社会学の周辺の学者の足跡や業績をたどるものになる。実際次章以降は、そのような物語にお付き合いをいただくことになる。しかし本章では、そのような通常の社会学史の前史《プレヒストリー》をたどりたいと思う。ある意味ではそれは、歴史以前の闇を探る旅である。

●原罪の社会学

歴史をどこから説き起こすのかということは、歴史家にとって重要な問題の一つである。プルタルコスは『英雄伝』の巻頭のテセウス（アテナイの建国者）の章で、次のようなことをいっている。歴史家が地誌を書くとき、自分の知識の届かないところは地図の端に押しつける。これより先は人跡未踏の砂地であり、湖沼であり、氷海である、という具合に。これと同じく信頼できる資料や記録のない時代の事柄は、歴史の領分ではない。むしろそれは、神話や文学や演劇の領分である、と。もっともそこでのプルタルコスの記述が、その通り歴史の領分を守っているかどうかは疑わしい。たとえばかれは、そこでテセウスのクレタ島での冒険についても書いている。それはテセウスが、クレタ島の迷宮《ラビュリントス》でミノタウルス（牡牛の頭と人間の体をもつ怪獣）を退治する話である。テセウスが迷宮を脱出しえたのは、クレタ王の娘アリアドネからもらった糸のおかげであったという話もよく知られている。

そこから難問を解く鍵を、「アリアドネの糸」と呼ぶようになった。ともあれそこでは、歴史と神話や文学や演劇の間の境界線があいまいであるというほかない。かといってわたしは、歴史家が歴史に専念すべきであるといいたいのではない。プルタルコスのいうように歴史の周辺には、神話や文学や演劇がある（現代的にはそこに、映画を付け加えてもよい）。それがむしろ、わたしたちのイマジネーションの翼となるといいたいのである。一般に歴史は、正史と外史（稗史《はいし》や野史《やし》や私史ともいわれる）に区分される。前者は国家によって編纂された、公式の歴史をいう。これに対して後者は、民間において編纂された非公式の歴史をいう。「非公式」といっても後者は、それぞれの歴史的なパースペクティヴの産物にほかならない。本来社会学史に、正史も外史もない。というよりもそれは、外史としてしか存在しようがない。しかし社会学史のなかにも、正史風の体裁をもつものがなくはない。

すなわち社会学とそうでないものの間に、明確な境界線を引こうという場合がそれである。この場合社会学史は、もっぱら正統的な社会学説の系譜を扱うことになる。社会学が一つの学問領域である以上は、そのような発想が生まれることは当然である。しかし記述としては、それは歴史的なダイナミズムを欠いたものになりがちである。わたしはここで、そのような正史風の歴史記述と一線を画したいと思う。すなわちここでは、社会学の境界線を大胆に踏み越したいと思っているのである。言い換えればそれは、社会学の境界線そのものを問題にする作業である。ここで社会学の前史に一章を割くのも、そのためである。——ということで話を、アダムとイヴの原罪の社会学的解釈に戻そう。一般にアダムとイヴの楽園からの追放は、一つの懲罰として理解されてきた。しかしまたそれを、一つの恩恵と理解することもできなくはない。すなわちそれもまた、アンビヴァレントな状況である、と。

ここでは**コミュニティ**という用語を使って、そのことを説明しよう。いまコミュニティを、人間が本来的に帰属する集団と定義しよう。そのような集団がはたして、実際に存在するかどうかは疑問である。しかし人々は、コミュニティの存在を信じてきた。そしてできることならば、そこに戻りたいと願ってきた。「しかしそこへは、けっして戻れない」というのが、楽園追放の社会学的な含意である。たしかにそれは、一つの懲罰にあたる。というのもそれ以降、人間は人為的に集団を構築しなければならなくなったからである。そこでは自分が帰属する集団から、いつ放逐《ほうちく》されてもおかしくない。その意味で人間は、恒常的な不安にさいなまれることになった。しかしまた同じ事態を、別の角度から眺めることも可能である。というのもコミュニティからの追放は、コミュニティからの解放でもあるからである。これ以降人間は、自分が帰属する集団を自由に選択することができるようになった。

それは人間が、社会的な存在となったということである。すなわち英知人としての人間の誕生は、同時に**社会人**（Homo socialis）の誕生をも意味するものであった。アダムとイヴは楽園追放後、カインとアベルという息子を得る。ところが争いの末に、カインはアベルを殺してしまう。その際神は、再度カインを追放する。神はいう。「お前は地上をさまよい、さすらう者になる」と。カインはエデンの東のノド（さすらい）の地に住んだ、と『創世記』は書く。明らかにそれは、殺人者に対する一つの懲罰である。しかしまたそれが、アンビヴァレントというのは楽園追放の場合と同じである。というのもカインは、追放された土地に都市を建設するからである。わたしたちが社会学的に、そこから学びうることは何か。それはコミュニティからの追放＝解放が、人間のさまざまな社会的な可能性に道を開いたということである。それは人間が、安心の代価として手に入れた自由といってもよい。

●アカデミズム

人間は知恵を手にしたことで、社会の意味を知った。これは人間が、社会的な知識を手にしたことと同じである。『二〇〇一年宇宙の旅』で人間の祖先は、原初的な戦争を行っている。その際人間の祖先は、一定の社会的知識を有していたと見るべきであろう。たしかにそれは、明確に言語化されたものではない。しかしそこに、「わたしたち（us）」と「かれら（them）」に関する区分があったことは間違いない。その意味では社会的な知識は、人間の祖先とともに古い。もっともここで、フィクションとしての映画に題材をとっていることに疑問をもたれる向きもあるかもしれない。そこで題材を、人間の祖先の実際の文化遺産に置き換えることにしよう。たとえば数万年前に、人間の祖先が遺《のこ》した洞窟壁画（ウシやウマなどの動物を描いている）はどうであろう。実際にそれが、何のために描かれたものであるかは判然としない。というのもそれは、言葉による説明を欠いているからである。

しかしそれが描かれ、見られるという過程自体が、社会の存在を前提としている。その意味では洞窟壁画そのものが、社会的な知識としての一面をもっている。それでは四千年くらい前に成立したとされる、古代メソポタミアの神話『ギルガメシュ叙事詩』はどうであろう。一般にそれは、世界最古の文学といわれる。ウルクの王ギルガメシュは最初、暴君として鳴らしている。しかし友の死をきっかけとして死の恐怖に取り憑かれ、永遠の生を求める旅に出る（かれは人類最初の旅行者である）。ついにかれが、死は避け得ないことを悟り、ウルクに戻ってくるというのがそこでの物語である。そこではすでに、一つの世界観が鮮明に表現されている。そしてそれは、わたしたちにとっても理解可能なものである。というのもそれは、明確に言語化されているからである。新約聖書の『ヨハネによる福音書』の冒頭に「はじめに言葉があった」という一文がおかれていることは、よく知られている。

それは人間が、**言語人**（Homo loquens）であるという表明にあたる。人間は言語的能力を十分に発揮するようになって、社会的知識の幅を大きく拡げていったであろう。しかし社会的知識一般と、ここでの主題である社会学的知識の間には大きな隔たりがある。社会学はそれ自体、一つの学問的知識である。その際学問的知識を知識一般と隔てるものは、いったい何か。それは学問には、学問固有の規則《ルール》があるということである（何もここで、学問が特別のものといいたいのではない。たとえばそれは、スポーツにはスポーツの規則があるのと等価である）。一般に学問は、さまざまな学説間の闘争の上に成り立っている。その闘争に一定の枠をはめるものが、学問の規則である。たとえば自分の学説よりも他人の学説のほうが優れていると分かったときには、どうすべきか。もちろん自説を潔く引っ込める、というのが学問の規則である（もっとも実際には、この規則は往々にして破られるが）。

学問に固有の規則があるというのは、それが一つの社会を前提としていることを意味している。――その社会は別名、**アカデミズム**と呼ばれる。いったいそれは、いつ、どのように生まれたのであろうか。アカデミズムという言葉は元々、プラトンの哲学学校アカデメイア（アテナイの西北郊外の聖域アカデメイアにあったので、そう呼ばれた）に由来している。その学校は『国家』でも説かれるように、哲人統治者の育成を目的としていた。その際プラトンは、哲学の予備学として代数学、幾何学、天文学、音楽理論などをおいた。とりわけプラトンは、幾何学を重視していたらしい。アカデメイアの門扉《もんぴ》に「幾何学を学ばざる者は入門を許さず」という言葉が記されていたという逸話（それは後世の創作ともいわれる）は、そのことをよく示している。わたしたちはそこから、アカデミズムの何であるかを知ることができる。それはアカデミズムには、一定の入会の規則があるということである。

たとえば大学は、学生にさまざまな試験を課す。それに合格《パス》しないことには学生は、大学に入ることも大学を出ることもできない。ましてや学界や学会ともなれば、より限られた専門家の集団である。そこからアカデミズムというと、概して否定的な意味をもつ言葉となった。すなわち空疎で、現実離れした、実用性のない議論がまかり通る世界、というのがそれである。しかしそこに、かえってアカデミズムの存在理由《レゾンデートル》はあるともいえる。というのもアカデミズムは、現実と距離をおくことで成り立つものであるからである。今日アカデミズムと対置されるのは、**ジャーナリズム**である。ジャーナリズムは学問の世界に対して、報道の世界をさす。ジャーナリズムは「一日」を意味する、フランス語の jour が一応の語源である。ジャーナリストが日々の出来事の報告者であるならば、その分析者がアカデミシャンであるといってよい。その際アカデミシャンの有力な武器となるのが、**理論**である。

●社会的動物

さしあたり理論とは、現実を把握するための概念装置のことである。本来言語には、そのような機能が備わっている。しかしそれを抽象化し、高度化し、専門化したものが、理論である。そしてまた理論を駆使して現実に接近するのが、**学問**である。このような学問の原型が生まれたのは、古代ギリシアにおいてであった。ここでは社会学的知識の根源を探ることを主題としているので、そのことに関心を集中しよう。その際古代ギリシアの社会の概念は、（都市）国家を中核とするものである。すなわち人間は、国家のメンバーであるということがそこでの議論の前提になっている。たとえば**プラトン**は、**国制**《ポリテイア》（国家統治のありよう）をいくつかに分類している（『国家』）。そこでかれが理想的な国制とするのは、優秀者支配制《アリストクラテイア》である。これは十分な教育を受け、公共の利益のために働く、哲人を統治者とする国制をさす。そのような統治者は財産や家庭をもってはならない、とプラトンは説く。

さすがにプラトンは、アカデミズムの創始者である。文字通りそれは、「空疎で、現実離れした、実用性のない議論」といわねばならない。しかしかれが、現実の国制にも言及していることは注目されてよい。すなわちそれは、名誉支配制《ティメアルキア》、寡頭制《オリガルキア》、民主制《デモクラティア》、僭主独裁制《テュラニス》である。名誉支配制は軍人、寡頭制は富者、民主制は貧者をそれぞれ支配者とし、僭主《せんしゅ》独裁制は民主制の一つの帰結であるとプラトンはいう。それらはいずれも、優秀者支配制から転落した国制として扱われている。そしてそれは、当時のギリシアの国々の実際の分析に基づくものでもあった。すなわちそこでの名誉支配制はスパルタを、民主制はアテナイを、それぞれ念頭において概念化されている。のみならず当時のギリシアの国々において、国制はけっして安定したものではなかった。たとえばトゥキュディデスの『歴史』には、ペロポネソス戦争下のギリシアの国々の国制の混乱、転変、迷走の過程が克明に描かれている。

したがってプラトンが国制を分類したのは、きわめて現実的な関心に基づくものであった。おそらくそれは、社会学説の範疇には（同じく政治学説の範疇にも）属さないのであろう。しかし社会学の境界線という関心からすれば、すこぶる興味ある言説である。たとえばプラトンは、「民主制は（必然的に）独裁制に転化する」と主張する。かれはこう説く。**民主制**の下では民衆は、自由への飽くなき欲望に支配される。民衆は自ら、かれらの指導者ないしは煽動者を打ち立てる。その指導者がやがて、僭主＝独裁者に変貌する、と。つまりは「極端な自由から極端な隷属が生まれる」というのが、そこでのプラトンの筋書き《シナリオ》であった。この筋書きは当時、アテナイなどで実際に生じた国制の転換に対応していた（のみならずそれは、近代のファシズムやナチズムやスターリニズムの成立過程を連想させる）。ここではプラトンが、民主制に対して批判的な意見をもっていたことに注意が必要である。

すなわちかれは、民衆に十分な自由を与えてよいとは思っていなかった。人間のなかには自分を監督し、制御できる者とそうでない者の、二種類がある。明らかに民衆は、この後者に属する（それに対して哲人は、前者に属する）。したがって民衆は、法と秩序の下に規制されるべきである。そうでなければ社会は、無秩序状態に陥ってしまう。これが当時、プラトンのもっていた見解であった。この見解は以後、西洋の社会思想史を長きにわたって支配し続けるものとなった。すなわちそれは、一つの常識となり、伝統となり、公理《アクシオム》となった。当然それは、社会学の歴史にも深い影響を及ぼしている。ここでプラトンに関心をもつのは、そのためである。イギリスの哲学者A・N・ホワイトヘッドはプラトンの哲学史上の重要性について、かつてこういった。西洋の哲学はプラトンに付けられた一連の脚注にすぎない、と（『過程と実在』）。社会学の場合さすがに、そこまでいうことはできない。

しかしプラトン風の社会観は、時空を超えて社会学的な言説の根底を流れている。わたしたちは以下の諸章で、それを具体的に検証することになるであろう。さてプラトンのアカデメイアで学んだ**アリストテレス**もまた、独自の国制の分類を行っている（『政治学』）。かれは正しい国制として、王制、貴族制、「国制」をあげる。そしてまた誤った国制として、僭主独裁制、寡頭制、民主制をあげる。正しい国制とはそこで、公共の利益を目標とする支配という意味で用いられている。それに対して誤った国制としての、僭主独裁制は独裁者、寡頭制は富裕者、民主制は貧困者の利益をそれぞれ目標としている。それらはいずれも、正しい国制から逸脱した支配であるというのがアリストテレスの主張である。それは基本的に、恩師プラトンの国制をめぐる議論を踏襲している。——しかし社会学史の文脈でアリストテレスを無視できないのは、**「人間は社会的動物である」**というかれの言葉による。

●個別性の誕生

それは今日でも、社会学の初回の授業などでしばしば引用される。もっとも「社会的動物」というのは、アリストテレスの言葉の意訳である。『政治学』(原題は『ポリスについて』)でアリストテレスがいうのは、「人間はポリス的動物(zoon politikon)である」ということである。かりにポリスを「国家」と訳すならば、「人間は国家的動物である」ということになる。すなわち人間は、本来的にポリス＝国家に帰属するとかれはいう。あるいはまたそこでアリストテレスがいうのは、ポリスが一つのコミュニティであるということである。その意味では「人間は(ポリスという名のコミュニティのメンバーである」というのが、そこでのかれの主張である。それと(今日の社会学者が)「人間は社会的存在である」と説くことの間には、大きな落差があるといわねばならない。ポリス的なコミュニティを中核とするアリストテレスの社会観は、『政治学』の全編を通じて見いだすことができる。

たとえばアリストテレスは、取財術《クレーマチスケー》(財産獲得術)についてこういう。財産は元々、生活のための道具である。したがって生活の必要のために、財産を獲得することは自然に適《かな》っている。しかし財産の獲得そのものを目的にすることは、自然に反している、と。その原則からアリストテレスは、商業的活動についてこういう。生活の必要のためにものを交換することは、自然に適っている。その限りでは交換のための道具としての、貨幣も有用である。それでは交換によって、貨幣そのものを獲得する商人術《カペーリケー》はどうか。それは貨幣を悪用するもので、自然に反している。とりわけ高利貸は、あらゆる取財術のなかで最も自然に反している。それは貨幣の子たる貨幣、すなわち利子を生み出すものであるからである、と。ここにはコミュニティを基軸とする、アリストテレスの社会観がよく表れている。かれにとって**経済**（economy）は、**家政**（oikonomia）から一歩も出てはならないものであった。

おそらく古代ギリシアにも、「経済」の概念はなくはなかったであろう。であればこそアリストテレスは、「商人術」をこきおろしているのである。しかしそれは、否定的なものとして存在していたというのが適切であろう。このような傾向は基本的に、中世をも貫くものであった。キリスト教は本来、富の無制限な追求に批判的であった。キリストはいう。「二人の主人に仕えることはできない。……神と富に仕えることはできない」と（『ルカによる福音書』）。もちろん中世においても、営利的活動そのものは存在した。しかしそれは、人間の自然的な本能の発現として罪悪視された。高利貸に従事したのは、異教徒としてのユダヤ人であった。かれらがキリスト教徒から、徹底的な差別を受けたことはよく知られている。というのも当時は、**「貨幣は貨幣を生まない」**という公式があったからである。ここで古代から中世にかけての社会観の変遷を詳細にたどることなど、とうていできない。

しかしそれが、概《おおむ》ねコミュニティを中心とするものであったことは確認されてよい。たとえば**アウグスティヌス**は、「天上の国」と「地上の国」を対置する（『神の国』）。「天上の国」とはそこで、キリスト教的な人間の結合をさす。それは人間に、永遠の生命、完全な平和、静穏な秩序などを提供するとアウグスティヌスはいう。これに対して「地上の国」とは、異教的（非キリスト教的）な人間の結合をいう。というよりもそれは、現実の社会をさすというほうが適切である。つまりはそこでは、理想の社会との対比において現実の社会が問題にされている。その際アウグスティヌスは、「天上の国」が善であり、「地上の国」が悪であることを縷々《るる》主張する。それはかれが、護教論（キリスト教の真理を弁護する立場）に立っている以上は当然のことである。しかし楽園を追放された人間が、けっして戻ることのできない楽園に戻ることを願うということでの議論は逆説的というほかはない。

このような傾向に一つの思想的な突破口を開けたのは、イタリア・ルネッサンスであった。それは人間の自然的本能の現世的肯定に基づく、異教的な解放であった。たとえば**ピコ・デッラ・ミランドラ**が書いた『人間の尊厳について』は、ルネッサンス期の精神の何であるかをよく示している。かれはそこで、人間の楽園追放の物語について独自の解釈を提示している。神はそこでアダムにいう。「他の生き物は、わたしがあらかじめ定めた本性の枠内にとどまっている。お前は、自らの意志に従って、自分の本性を決めるがいい。……自由かつ最高の造形者のように、お前は自分の姿を造り出すことができる」と（拙訳）。すなわち聖書では、楽園追放は一つの懲罰であった。しかしここでは、それは一つの報酬として解釈されている。──ある意味ではそれは、近代的な個別性の誕生の物語として読むことができる。そして「社会」は、このような自由な個人が相互に結合することで生まれるものである。

●社会契約

もし「社会」の概念が生まれなければ、社会学もまた生まれなかった。したがって「社会」の概念の形成史は、社会学の前史の中心的な主題となるはずである。英語の society（ドイツ語の Gesellschaft、フランス語の société）の語源にあたるのは、ラテン語の socius である。本来それは、「仲間」「結合」「組合」といった意味をもつ。これが近代的な「社会」の概念になるには、どのような理論的な突破が図られたか。それについて大きな役割を果たしたのは、**自然法**の理論である。自然法とは人間の本性（nature）に基づくがゆえに、普遍的に通用する法という意味の言葉である。このような概念もまた古代ギリシアに、その原型がすでにあったといわれる。たとえばソフォクレスの『アンティゴネ』には、次のような話がある。アンティゴネの兄はテーバイの支配者クレオン（兄妹の叔父にあたる）との抗争の末に、敗死する。その亡骸《なきがら》はクレオンの命令で、野に打ち棄てられている。

この命令に反してアンティゴネは、兄の遺体を埋葬する（といっても砂をかけたにすぎないが）。捕えられてクレオンの前に引き出されたとき、アンティゴネはこういう。国家の法がどうであろうとも死者を丁重に埋葬することが、自然の法である、と。このような法の概念は古代ローマや中世を通じて、一定の地位を保っていた。古代ローマでは自然法は、市民法（国家の法）や万民法（諸国民の法）と対置されるものであった。中世においてそれは、神定法（神が定めた法）として解釈された。それは慣習に基礎をおく、人定法（人が定めた法）と区別された。自然法の概念は近代において、新たな思想的意味をもつものとなった。オランダの法学者**H・グロティウス**は一般に、近代自然法理論の創始者と称される。『戦争と平和の法』のなかでかれは、こういう。人間は本性上、社会的欲求をもつ存在である。これは知性に応じて、他の人々と平和な生活をともにしたいという欲求である、と。

つまりは人間らしい**社会**（societas）を維持することが、自然の法であるというのである。これに関連してグロティウスは、有名な仮言的命題を提起した。かれはこういう。たとえ神が存在しなくても、あるいは神が人事に関心をもたないにしても、この自然の法は妥当する、と。ここでは自然法と神の関係を断ち切る、一つの理論的な契機が提示されている。それは社会学の前史をたどる、本書にとっても大いに示唆に富む。というのもそこには、人為的な構築物としての社会の概念が提示されているからである。そのような社会の概念はグロティウスの場合、国家と等価ではない。かれは国家を、こう定義する。**国家**（civitas）は権利の享有や共通の利益に基づく、「自由な人々の完全な結合体」である、と。あるいはまたそれは、「最も完全な社会」である、と。ここでは国家が、社会的な結合の一つとして理解されている。すなわち社会は、国家よりも基礎的な概念として掌握されている。

もっともグロティウスの場合、社会的な秩序がどう形成されるかについての十分な議論はない。それはかれが、人間の本性を社会性に求めることの必然的な帰結である。たとえば戦争を、どう法的に正当化するかということはそこでの主題である。しかしなぜ戦争が生じるのか、ということはそこでは問題とされていない。これに対してイギリスの思想家**T・ホッブズ**は、グロティウスとは対極的な社会観を提示した。ホッブズもまたグロティウスと同じく、自然法理論の影響下にある。しかし人間の本性をどうとらえるかで、両者の立場は大きく隔たっている。『リヴァイアサン』でホッブズはいう。人間は生来、平等である。平等な人間が互いに、自己保存の欲求の下に行動するとき生じるのは何か。それはまさに、**「万人の万人に対する闘争」**状態である、と。ここではホッブズが、人間を反社会的な存在ととらえていることが重要である。その上でかれは、さらに思考上の実験を進めていく。

「万人の万人に対する闘争」は人間にとって、不幸な状態である。このような状態を回避するために人間は、どうすべきか。この問いにホッブズは、こう答える。人間は自ら、自己保存の欲求を抑制しなければならない、と。――そこからかれは、社会契約による国家樹立に関する議論に向かう。わたしたちはそこに、プラトン以来の知的習俗の一つの典型例を見て取ることができる。すなわち人間は、法と秩序の下に規制されるべきである。そうでなければ社会は、無秩序状態に陥るであろうというのがそれである。その限りではかれの理論に、何の新味もない。しかし本来、人間は反社会的な存在であるとともに社会的な存在であるというのがホッブズの人間観であった。そしてそれは、かれの社会観に固有のダイナミズムをもたらしている。このような「社会」の概念の形成によって社会学の誕生の準備は、十分に整った。わたしたちはそろそろ、社会学の前史に別れを告げるべき秋《とき》である。

パーソンズは『社会的行為の構造』のなかで、ホッブズの社会理論に関する考察を行っている。パーソンズはそれを、功利主義的な社会理論の純粋型であるという（功利主義とはそこで、所定の目的の実現のために最適の手段を選択するというタイプの人間観をさす）。しかしパーソンズは、続けてこういう。ホッブズは功利主義的な人間観に立つがゆえに、秩序の問題に引き込まれた、と。この問題のことをパーソンズは、「**ホッブズ問題**（Hobbesian problem）」と呼んでいる。この問題はホッブズ以降の、社会学の最大の難題の一つといってよいであろう。必ずしもそれは、この問題を理論的にどう解決するかということにとどまらない。自由に行動する人々をどう社会的に統合するかというのは、近代社会そのものが恒常的に直面する問題でもあったからである。その意味でそれは、一つの実践的な問題でもあった。――そのアリアドネの糸を求める長い旅路こそが、社会学の歴史である。

2 章

創始者の悲哀

コント

一つの社会が消滅し、もう一つの社会が形成されようとしている。

——コント

●革命勃発

J・P・エッカーマンの『ゲーテとの対話』の一八三〇年八月二日の項には、次のような件《くだり》がある。パリで七月革命が勃発したという報に接して、エッカーマンがゲーテの下を訪ねる。ゲーテが切り出す。「君は、この大事件についてどう思うかい？　火山は爆発した。すべては火中にある。もはや非公開で談判するようなときではないよ！」と。エッカーマンが「恐るべき出来事です！しかし、情勢はよく知られている通りですし、ああいう内閣では、これまでの王家を追放して、事を収めるよりほかに手はないでしょう」と応じると、ゲーテはこう述べたという。「どうも、とんちんかんだ、君。わたしが話しているのは、あんな連中のことじゃないよ。……わたしは、学士院《アカデミー》で公然と持ち上がったキュヴィエとジョフロア・ド・サン＝ティレールの間の論争のことをいっているのだよ！」と。この意外な言葉に「二、三分間すっかり思考が停止してしまった」と、エッカーマンは書いている。

ここでいうキュヴィエとサン＝ティレールの論争とは、パリ学士院での「種の進化」をめぐる二人の論争をさす。ゲーテは「変態」という概念を提示したことで、進化説の先駆者ともいわれる。つまりはかれ自身が、一人の自然科学者であった。したがってかれが、パリでの学問的論争に多大な関心を寄せていたとしても何ら不思議ではない（ゲーテは種の可変性を主張する、サン＝ティレールの支持者であった）。しかしまたそこでのゲーテの発言が、パリでの政治的動乱を前提とするものであったことも明らかである。――革命勃発の報が届いて「すべてが興奮の坩堝《るつぼ》に投げ込まれた」と、エッカーマンは書いている。そしてエッカーマン自身が、そのような革命熱にのぼせ上がっていた。その際ゲーテは、周囲の革命熱とことさら距離をおこうとしているように見える。こういってもよいであろう。ゲーテは政治的無関心を装うことで、かえってかれ自身の政治的姿勢を明らかにしている、と。

それではゲーテは、パリでの革命についていかなる見解をもっていたか。その際『ゲーテとの対話』の一八三〇年三月一四日の項は、大いに参考になる。かれはそこでこういっている。「いかなる革命の場合にも、極端になるのは避けがたい。政治革命の場合、人々は最初、さまざまな不法を是正することだけを要求する。しかしあっという間に、流血の惨事に突っ込んでしまう」と（以上、山下肇訳）。そこでは元々、フランスでの文学革命（具体的には急進ロマン派の台頭）が話題になっている。政治革命はそれとの類比において、わずかに語られているにすぎない。しかしここには、革命一般とりわけフランスでの政治革命に対するゲーテの姿勢がよく示されている。かれは革命が、悪政にストップをかけるのに役立つことは認めている。しかしまたそれが、極端な結果を招かずにはすまないことに懸念を示している。それは革命が、大衆の要求を背景にしているからであるというのがそこでのかれの見解である。

これらの発言はゲーテの最晩年の、八〇代のものである。わたしたちはそこに、老年特有の保守的な世界観を読み取ることもできるであろう。しかしまたそこに示される社会観は、プラトン以降の知的伝統に属するものである。一般にゲーテは、社会科学者とも社会思想家とも見なされてはいない。しかしかれが、そのような知的伝統のなかにあったことは認められてよい。何もそれは、ゲーテに限った話ではない。一七八九年の**フランス革命**に端を発し、一八三〇年の七月革命を経て、一八四八年の二月革命にいたるフランスでの政治的動乱（わたしたちはそれを、広義のフランス革命と呼んでもよい）は、社会科学や社会思想の領域にも大きな作用を及ぼした。たとえばイギリスの政治家・思想家の**E・バーク**は、早くもフランス革命勃発の翌年に『フランス革命についての省察』を著した。バークはそこで、フランス革命を「これまで世界で起こったなかで最も驚愕《きょうがく》すべき事件」といっている。

バークは（フランス革命を支持する論敵の見解を借りながら）フランス革命の原理をこう要約する。人民が①自分自身で王を選択したり、②（不法行為を理由に）王を追放したり、③自分自身で政府を形成したりする権利をもつ、と。すなわちそれは、純粋な民主制といってよい。バークはそれを、一つの狂信ととらえている。かれにとって人民とは、「豚《スワイン》」のような存在であった。そしてまたかれらを担い手とする革命は、コミュニティ的な秩序を破壊し、社会的な混沌をもたらすものであった。一般にバークは、保守主義の思想家と見なされている。必ずしもここで、かれの思想の是非を問題にしたいわけではない。ここではフランス革命をめぐるかれの所見が、伝統的な社会観の枠内にあることを確認したいだけである。そしてそれは、社会学の誕生にとっても無縁のものではない。というのも固有の意味での社会学は、そのようなフランス革命をめぐる議論の渦中で産声をあげたからである。

●社会学の存在理由

パーソンズが『社会的行為の構造』の冒頭、「今日だれがスペンサーを読むだろうか?」という一文を引用し、H・スペンサーの学問的な死に言及したことはよく知られている。パーソンズがそこでいわんとするのは、スペンサー流の進化論的ならびに原子論的な社会理論が今日(といっても一九三〇年代のことであるが)流行《はや》らなくなってきているということであった。もっともそれを、ごく単純に「スペンサーが最近読まれなくなってきている」と解したとしても大差はない。社会学的な知識もそれ自体、一つの商品である。したがってそれが、流行と無関係でいられるはずはないのである。パーソンズの顰《ひそ》みにならってわたしたちは、「今日だれがコントを読むだろうか?」と問うてもよいかもしれない。コントは**社会学の創始者**として(より正確には「社会学」という言葉の創案者として)、社会学の入門的な授業などで結構言及される人物である。しかしそれは、ただそれだけの話である。

たとえば社会学の演習で、コントが取り上げられるという話は聞いた例《ためし》がない。何もそれは、ごく最近の話でもない。清水幾太郎は一九二〇年代の社会学界の状況を回想して、こういっている。コントを一ページも読んだことのない者までもが、コントを嘲笑していた、と(『オーギュスト・コント』)。当時はジンメル流の「形式社会学」の全盛時代であり、コント流の「綜合《そうごう》社会学」は旧式のものと思われていた、というのがそこでの含意である。「形式社会学」や「綜合社会学」の何であるかは、のちに扱うことにしよう。ここではコントが、ずっと以前から流行遅れになっていたことを確認できれば十分である。さきにも書くように社会学の歴史そのものが、理論的な突破の歴史である（はじめに）。したがって新規の理論が打ち出されることで、旧来の理論が古びて見えることにはやむをえない一面がある。その意味ではコントの書物が、図書館の書庫で眠ることになったとしても何ら不思議ではない。

わたしがここで、コントに一章を割くことにしたのはなぜか。必ずしもそれは、社会学の創始者としてのコントに相応の敬意を払いたいためではない。あるいはまたかれの理論が、今日でも何らかの意味で有効であるといいたいためでもない。かりにも一つの学問を創始することは、最大の理論的な突破といってよい。――その意味ではかれの理論のなかに、社会学の存在理由が隠されているかもしれない。それはコントの社会学の今日的な有効性とは別に、「社会学とは何か」という問いに関わるものである。そのことを主題的に問うことが、ここでのわたしの目的である。コントは一七九八年（フランス革命後の総裁政府の時代）に、地中海に近いフランス南部の都市モンペリエに生まれた。かれの正式の姓名は長く、イジドール・オーギュスト・マリ・フランソワ＝グザヴィエ・コントという。両親が熱心なカトリック信者で、三人の聖人と聖母マリアの名をもらったことが、その由来である。

父コントは収税吏（中級官吏）で、王党派であった。コントは地元のリセ（フランス革命後に設けられた中等教育機関）の寄宿舎に入り、そこを優秀な成績で卒《お》えた。そして一八一四年、パリのエコール・ポリテクニーク（同じく革命後に設けられた理工系エリート養成のための高等教育機関）に進んだ。このころまでにコントは、すっかりカトリックの信仰を捨て、革命派に転じていた。いつの時代も若者は、革命熱に浮かされやすい存在であろう。しかしコントの生まれ育った時代が、革命後の動乱の時代であったことには注意が必要である。コントが生まれた翌年には、ナポレオンが統領政府を樹立している。ナポレオンはやがて、皇帝となる。しかし一八一四年、退位を余儀なくされる（ブルボン王朝が復活）。コントがエコール・ポリテクニークに進んだのは、同じ年である。そして翌年は、ナポレオンの復位と三ヶ月余りでの再退位という出来事が続いている（ブルボン王朝が再復活）。

革命はまさに、ゲーテのいう「流血の惨事」を招いていた。そこではだれもが、何らかの政治的立場をとることを強いられた。さきに取り上げたフーシェのように、そのことを好機ととらえる人物もなくはなかったであろう（はじめに）。しかし大多数の人々にとっては、それはむしろ危機として映ったであろう。概《おおむ》ねそれが、コントの生まれ育った時代であった。変革の時代を生きた人間が、二つの時代を経験するというのはそう珍しいことではない。たとえば福沢諭吉は、明治維新を経験した自分の半生についてこう書いた。「恰《あたか》も一身にして二生を経るが如く一人にして両身あるが如し」（『文明論之概略』）と。おそらくそれは、コントの経験とも相通じるものであったであろう。その際福沢やコントが直面したのは、自分たちが生きている社会をどうとらえるかという問題であった。と同時に目前の社会的混乱をどう収束させるか、という問題であった。明らかにそれは、一つの社会学的問題であった。

●市井の哲学者

エコール・ポリテクニークでの教育は数学・物理学・化学などの、理数系科目が中心であった。コントはそれらの課業で、すこぶる優秀な成績を収めていた。同時にかれは、人文・社会系の書物を読みふけるようになる。一八一六年（一八歳のとき）コントは、素行不良（復習教師に非礼な態度をとったこと）を理由にエコール・ポリテクニークを退学になる。翌年コントは、そこに復学する機会を得る。しかし復学することなく、自由な学問生活に入る。わたしはいま、かれの学問生活を「自由」と形容した。しかしそれを、そう単純に形容するだけでは誤解を招きかねない。少なくともコントを、今日の社会学者の範疇でとらえることには無理がある。今日の社会学者は一般に、大学に属している。――しかしコントは、終生市井《しせい》の哲学者であった。コントが大学教授の椅子を得ようと、種々の運動をしなかったわけではない。しかしそれは、社会学ではなく数学や物理学の教授の椅子であった。

それは当時、まだ「社会学」という学問分野が存在しなかったからである。それではコントは、何で生計の資を得ていたのか。かれはのちに、エコール・ポリテクニークの復習教師（助教員）や入学試験官を務めている。しかし基本的には、終生数学の個人教授で生計の資を得ていた。今日でも研究者の卵は、概ねそれに類するアルバイトをしている。ただしそれが、終生続くとなると話は別である。コントがアルバイトで生計を立てていたというのは、かれの特異な性格と無縁ではない。それはかれが、エコール・ポリテクニークへの復学を拒んだことにも示されている。しかしまたかれが、社会学の創始者であることもそれと関係している。というのも既存の学問に縛られた人間が、新しい学問を創生することなどできはしないからである。その意味でコントの学問生活を、「自由」と形容してもよいであろう。しかしコントが、生涯貧困に苦しんだこともここで強調しておかなければならない。

下宿のアパートメントで数学を教えながら、哲学的な著述に励むというのがかれの基本的な学問生活であった。コントの学問生活を語る上でもう一つ落とすことができないのは、女性との関係である。あらかじめ断っておくならば本書で取り上げる社会学者のほぼ全員が、男性である。そのこと自体が一つの偏見である、という女性学的なものの見かたもありえよう。しかし社会学史の主潮が、もっぱら男性によってかたちづくられてきたことは紛れもない事実である。その際有力な男性社会学者が、女性といかなる交渉をもったのかということは興味ある問題である。というのもそこに、その社会学者の世界観が映し出される可能性もあるからである。さてコントは、地方から都会へ遊学してくる。そして下宿生活をしながら、学業に従事している。コントの場合それが、一生続くというのは特異である。しかし知識人の卵が、都会で下宿生活をするということ自体はきわめて一般的な経験である。

さしあたりそれは、自由な個人を生み出す契機となる。同時にそこから、自由な個人が相互に結合する可能性もまた生じる。おそらく恋愛関係も、そのような結合の一つとして位置づけられるであろう。コントは二七歳のときに、カロリーヌ・マッサンという女性と結婚する。相手は元セックスワーカーで、二二歳であった。コントはセックスワーカーとしてのかの女に出会い、その後二人の間に恋愛関係が生じた。数学の個人教授と元セックスワーカーの二人の結婚生活は、けっして安定したものではなかった。その原因の一つは経済問題で、コントの収入は家計を維持していくのに十分なものではなかった。間もなくコント夫人は、長期・短期の家出を繰り返すようになる（その間かの女は、元の仕事をしていたともいわれる）。コントは精神異常に陥り、二九歳のときに投身自殺も図っている（未遂）。二人の結婚生活はコントが四四歳のときに、最終的な別居に入ることで終わった。

のちにコントは、この結婚のことを「人生最大の失敗」と書いている。ともあれコントは、この結婚生活の間に『実証哲学講義』全六巻を著している。コントは妻との最終的な別居の二年後に、クロティルド・ド・ヴォーという女性と知り合う（そのときコントは四六歳、ド・ヴォー夫人は二九歳であった）。かの女は陸軍軍人（のち将軍）の娘に生まれ、収税吏のド・ヴォーの妻となった。しかし当時、夫は公金横領の罪を逃れて海外に逃亡中であった。かの女は才色兼備をもって知られ、同時に胸を患っていた。翌年コントは、クロティルドに求愛する。それに対するクロティルドの反応は、むしろ友情に近いものであった。ともかくコントは、その年を「比類なき年」と呼んでいる。

コントとの濃密な交流の末にクロティルドは、その翌年に亡くなる。この間コントのなかで、クロティルドは次第に聖化されていく。これがコントの後半生を彩る、クロティルドとの交流のあらましである。

●学問の終局的方式

コントの主著は『実証哲学講義』（一八三〇—四二年）とともに、『実証政治体系』全四巻（五一—五四年）であるといわれる。しかしここでは、初期の論文『社会再組織に必要な科学的作業のプラン』（二二年、以下『プラン』と略記）を取り上げよう。というのもそこには、かれの理論的立場が凝縮されているように思われるからである。コントは一八一七年から二四年まで、**サン＝シモン**の秘書をしていた（サン＝シモンが経済的に困窮していたので、俸給を辞退した）。サン＝シモンは貴族出身で、アメリカ独立戦争に従軍し、フランス革命後は著述家として活動していた。一八二三年サン＝シモンは、ピストルによる自殺未遂の末に隻眼《せきがん》を失う。その直後にかれが著したのが、主著『産業者の教理問答』全四分冊（二三—二四年）である。それはコントが、サン＝シモンの秘書を務めていた時期の作品である。のみならず『産業者の教理問答』の第三分冊は、コントの名で発表されている。

その第三分冊の序文でサン＝シモンは、コントを批判した。これが原因でコントは、サン＝シモンと袂《たもと》を分かつことになる。しかしコントが、サン＝シモンから多大な影響を受けたことは事実である。たとえばコント主義の二枚看板＝実証主義と産業主義は、ともにサン＝シモンに思想的淵源がある。ただしそれを一つの学問的立場に体系化したのは、コントの業績といってよい。さて『プラン』の冒頭、コントは「現代」の基本的性格をこういう。一つの社会組織が解体し、もう一つの新しい社会組織が形成されようとしている、と。あるいはまた組織破壊と組織再建という、二つの正反対の動きがあるのが「現代」である、と。そのような状況をコントは、一つの危機としてとらえている。これが興味深いのはそこに、社会学の基本的な前提が表明されているように思われるからである。すなわち社会が、秩序と混沌（反秩序）の二面性をもつというのは社会学の基本的な前提であり続けてきた。

ある意味では社会学とは、そのような社会の二面性をどう解釈するかをめぐる競技会《コンペティション》である。それではコントは、より具体的に「現代」をどうとらえたか。かれは旧組織のことを、封建的・神学的組織と呼んでいる。そしてそれが、フランス革命によって破壊されたという。しかしフランス革命は、破壊の原理であって建設の原理ではない。したがって目下の無政府状態を解消するために、社会を再組織しなければならないというのがコントの主張である。その際コントが、かれのいう**社会再組織**の担い手と考えていた勢力は何か。かれは社会再組織には、理論的・精神的側面と実践的・世俗的側面とがあるという。とりわけコントは、前者の理論的・精神的側面を重視する。というのも「社会」の目標を明確にせずに、そのメンバーを組織することはできないからである。その上でコントは、新組織の精神的権力は**科学者**の、世俗的権力は**産業者**の手にそれぞれ握られることになると予想している。

ここでコントが、科学者の役割を重視していることもまた興味をひく。それはコントが、理論の役割を重視しているからである。かれはこういう。工場の経営、橋梁の建設、船舶の航行などが理論的知識を前提とすることは、広く認められている。社会の組織もまたそれと何ら選ぶところのない、理論的作業を含む、と。その作業の担い手としてかれが想定していたのが、科学者であった。社会の組織の前提として理論的知識を重視するというのは、コントの社会理論の一つの特徴をなす。

それは『プラン』で示される、**「三段階の法則」**でも明らかである。それは人間の知識が、**神学的・形而上学的・実証的**の三段階を経て発展するというものである。第一段階では超自然的観念が、事実を関連づけるのに用いられる。第二段階は第一段階から第三段階への、過渡期として位置づけられる。そこでは事実を関連づけるのに、「完全に超自然的ではないが、完全に自然的でもない観念」が用いられる。

第一段階が虚構の段階であるのに対して、第二段階は抽象の段階ともいわれる。形而上学(metaphysics)は本来、アリストテレスの第一哲学をさす言葉である。これはアリストテレスの遺稿編集に際して、第一哲学が自然学(physics)の後(meta)におかれたことに由来する。そこから存在の根本原因を探求する哲学のことを、形而上学と呼ぶようになった。コントはそれが、抽象的な推論に基づく学問にすぎないという。——それに対して学問の終局的方式として、かれが規定するのが第三段階である。コントはそれを、科学の段階ともいう。この段階では事実を関連づけるのは、事実によって確認される観念や法則である。つまりは事実を関連づけるのは、事実それ自体である。さて天文学、物理学、化学、生理学などは、すでに実証的段階に達している。しかし社会理論は、いまだにそれに達していない。ここにコントが、実証的な社会理論として「社会学」を構想する目的があった。

●産業主義

コントは『プラン』で、「社会学」という言葉は用いていない。コントが**「社会学**（sociologie）**」**という言葉を最初に用いたのは、『実証哲学講義』第四巻（一八三九年）においてである。『プラン』で社会理論をさす言葉として用いられるのは、「社会物理学」である。しかしそれは、実質的に「社会学」と同等の内実をもっている。したがって以下、『プラン』の段階でも「社会学」という言葉を用いることにしたい。コントが「三段階の法則」を提示したことには、社会学的に固有の文脈がある。明らかにそれは、フランス革命を媒介としている。わたしたちはフランス革命が、**啓蒙主義**を精神的支柱としていたことを知っている。啓蒙（enlightenment）とは本来、「光で闇を照らす」という意味の言葉である。そこから近代的な理性によって、中世的な遺制を打破しようとする主張のことを啓蒙主義というようになった。しかしそこでいう理性は、一つの形而上学的想定というほかはない。

フランス革命の最中の一七九三年には、「理性の祭典」が開かれている。それは理性が、神に代わる（絶対的な）存在であったことを示している。コントが社会学を構想したのは、そのような啓蒙主義と思想的に訣別するという意味合いがあった。その際かれが依拠したのが、**実証主義**であった。それはコントを創始者とする社会学にも、大きな影を落としている。一般に実証主義とは、理論の正当性を事実によってだけ立証しようとする態度をさす。したがってそれは、科学的態度と言い換えてもよいものである。しかし社会科学の場合、一概に実証的あるいは科学的であることがよいともいえない。一般に「実証的」と訳されている言葉は、英語では positive である。さしあたり positive（実証的）の反対語は、speculative（思弁的）である。しかし positive の反対語は、negative でもある。つまりは実証的であることは、肯定的である（否定的でない）ことをも意味しているのである。

ここで社会学をめぐる、私的な回想にふけることをお許し願いたい。三〇代の初め二冊目の著書を出したころ、長年総合雑誌の編集長を務めた著名な編集者K氏から呼び出しを受けたことがある。氏はわたしの著書を読み、多少興味をもって下さったようであった。氏とわたしは酒席をともにしながら、四方山話をした。その折K氏が話されたことで、印象に残っていることがある。氏は編集者としての経験から、社会学者が政治的な問題に取り組みたがらない傾向のあることを指摘された。それは政治学者や経済学者と対比して、社会学者に通有の傾向という話であった（ほとんど唯一の例外として氏は、清水幾太郎の名をあげておられた）。わたしは社会学の存在理由を問う際にいつでも、このときの氏との会話を思い出す。というのも社会学者は、おしなべて価値判断に慎重であるとわたしも思うからである。ひょっとしたらそれは、社会学のスタートラインに制約されているのかもしれない。

もっともコント自身が、価値判断に慎重であったとは必ずしもいえない。実際「科学的」な議論のなかに、何らかの価値判断が忍び込んでいることはよくあることである。あるいはまたこういってもよい。コントの主唱する実証主義そのものが、一つの価値判断に相当する、と。わたしたちはそれを、三段階の世俗的側面に関するコントの議論のうちに見ることができる。すなわちコントは、第一段階は**軍事的**な、第二段階は**法制的**な、第三段階は**産業的**な時代であるとする。ここでは第一段階は横において、第二段階と第三段階の対比に焦点を合わせることにしよう。コントが第二段階を、法制的な時代と呼ぶのはなぜか。わたしたちはフランス革命の指導者に、法律家とりわけ弁護士が多かったことを知っている（ロベスピエール、ダントンなど）。かれらは立法を通して、まさに社会の革命的な変化をもたらしたのである。たとえば一七九一年に制定された、ル゠シャプリエ法なる法律がある。

これは弁護士のル゠シャプリエの提案した、同業組合の結成を禁止する法律である。その目的は同業者の団結を禁止して、自由な経済競争を奨励することにあった（国家と個人の間の中間的団体を忌避した、ルソーの思想的影響があるともいわれる）。このような自由主義的傾向をもつ政策は、古典的な経済学の立場とも呼応していた。すなわち合理的な「経済人」が市場において自由に競争すると、神の「見えざる手」が働いて経済的均衡が得られるというのが古典的な経済学のモデルであった。しかしコントは、そこに形而上学的な想定を見て取った。そして自由主義と一線を画する、固有の思想的立場を表明する。――それが師匠のサン＝シモンから継承した、**産業主義**である。コントが第三段階を、産業的な時代と呼ぶことの含意はそこにある。しかし『プラン』では、それに関する十分な議論は展開されていない。わたしたちはそろそろ、コントの若き秀作に別れを告げなければならない。

●人類教

『実証哲学講義』第四巻でコントは、社会学の基本的な構図を示している。社会学は二つの部門、すなわち社会の秩序をめぐる**社会静学**と社会の進歩をめぐる**社会動学**からなるというのがそれである。このうち社会動学は、「三段階の法則」が実質的な内容となっている。したがってここでは、社会静学のほうを取り上げることにしたい。というのもそこに、コントの社会観とりわけ産業的段階の社会観が鮮明に示されているからである。それは産業者を担い手とする、社会再組織のイメージと言い換えてもよい。さてコントは、個人・家族・社会という三つの水準で社会理論を展開する。まずかれは、人間の根本的な社会性に言及する。コントはいう。人間が功利的に（個人の欲求を最大限充足するために）社会状態を作った、とする見解は誤りである。というのも集団生活は、必ずしも個人に利益をもたらすものではなかったから。功利的な発想そのものがむしろ、比較的近年の産物である、と。

社会を個人に還元できるかということは、社会学の一つの難問であり続けてきた。その際コントは、社会は個人に還元できないという立場を鮮明にしている。わたしたちはそれが、社会学の古典的な政治学や経済学からの自立に際して重要な礎石になったことに注目しなければならない（もし社会が個人に還元できるのであれば、社会学など不要であったであろう）。もっともコントは、人間の個人的・利己的傾向を認めている。というよりもそれは、社会的・道徳的傾向よりも優位にあるとする。コントはこういう。わたしたちは自分と同様に、他人を愛するように教えられている。これは個人的傾向が、社会的傾向の指標として働いていることを示している。もし個人的傾向が優位でなければ、社会生活そのものが成立しないであろう、と。コントは社会的傾向の使命を、個人的傾向を和らげることに求めている。つまりは二つの傾向の中和ということが、そこでのコントの基本的立場であった。

これは経済学の開祖**アダム・スミス**が、道徳心による利己心の制御を主張したことと重なっている（『道徳感情論』）。コントは家族についてはこういう。家族はたんに、社会の要素にとどまらない。むしろ家族は、社会の模範たるべきである、と。そこからかれは、**社会有機体**をめぐる自説を展開していく。社会有機体とは社会を、生物有機体に類比するものである。すなわち生物の各器官が機能分化しつつ相互に連携を保っているように、社会のメンバーも独自の行動をとりつつ一致協力しているというのがそれである。社会有機体を構成する基本的な原理は、**分業と連帯**である。というよりも分業＝連帯というのが、そこでのコントの社会観の核心である。社会がより広域化、複雑化するほど、そのような和解はより顕著になるとかれはいう。もっともコントは、社会の専門分化が有害な結果をもたらす可能性を認めている。それは分業の進展によって、社会的な連帯が解体する危険性をさす。

ここでは後年、デュルケームによって展開される議論がほぼ先取りされている。旧組織の破壊の過程では部分の精神が、全体の精神を凌駕していた。しかしいまや、全体の精神が部分の精神を凌駕しなければならない。これが社会有機体説に結実した、コントの時代認識であった。そのような時代認識ははたして、フランス革命後の一時代にしか通用しないものであろうか。コントが社会学を創始して、二百年近くが経つ。この間社会学者は、明け暮れ社会的秩序の問題に直面してきた。その意味ではコントは、名実ともにわたしたちの先駆者であったといわねばならない。それはコントの社会学が、今日の社会学の水準から見て結構粗雑に映るということとは別問題である。最後にコントの生涯を振り返る場合に、一つだけ触れておくべきことがある。——それはコントが、後年**人類教**という宗教を創始したことである。それはクロティルドの死の翌年のことであり、かの女は人類教の女神となった。

そしてまたコントは、人類教の祭司となった。というと突拍子もない話で（かれは「三段階の法則」に反して、実証的段階から神学的段階に退行したという冗談もある）、社会学史であえて取り上げる必要もないように映る。コントが後年、宗教熱に取り憑かれたことの評価は難しい。ただかれが、「人類」という概念に行き着いたことは興味深い。たしかにそれは、実証的段階において

（神学的段階における神に代わる）至高の概念になるかもしれないからである。人類教は愛を原則として、社会に**「秩序と進歩」**を実現しようとするものであった。実はそれは、意外なところに痕跡を残している。コントの思想ならびに宗教は大西洋を隔てて、ブラジルの建国運動に大きな影響を与えた。ブラジルの国旗に「秩序と進歩（ordem e progresso）」という標語《スローガン》があるのは、コントの人類教に由来している。それはコントが、今日の社会学者の範疇に収まり切らない人物であったことを再び示している。

1889年の共和政樹立時にブラジル国旗には，コントの標語「秩序と進歩」が記された．これは当時の共和政指導層が，コント思想の信奉者であったことによる（写真・EPA＝時事）．

社会学において「今日だれがコントを読むだろうか？」というように、経済学においても「今日だれがスミスを読むだろうか？」といってもよいのであろう。しかし同じ開祖的な位置にあるといっても、コントとスミスの間には大きな隔絶がある。すなわちスミスの場合、かれの理論の骨格は以後の経済学のなかにそれなりに継承されている。しかしコントの場合、必ずしもそれはそうではない。というよりも社会学の場合、何が中心的な理論であるかということ自体が不分明である。そのなかでコントの位置は、ますます不明確になっている。その意味ではコントは、創始者の悲哀を体現する人物である。ただかれが、紛れもなくわたしたちと同時代の社会学者であることをここでは確認したかっただけである。——コントがクロティルド・ド・ヴォーと知り合った年、同じパリの空の下でマルクスとエンゲルスは運命的な邂逅《かいこう》をしていた。わたしたちは次に、この二人を取り上げることにしよう。

3章

思想の革命家

マルクスとエンゲルス

近代社会においてはすべての堅固なものが、跡形もなく消える。

——マルクスとエンゲルス

●壮大なる失敗

自分がどんな時代に行き合わせるかというのは、ほとんど運命的な出来事である。わたしの親の年代は若いうちに、第二次世界大戦を経験している。この戦争がわたしの年代にとって、まったく無関係というわけではない。たとえばわたしは、その戦争で伯父二人を亡くしている。あるいはまたわたしの子ども時代には、傷痍《しょうい》軍人（といっても若い年代の読者には、何のことか分からないであろう）をしばしば目にした。それは戦争の余韻が、当時まだ残っていたということである。しかしわたしの年代が、第二次世界大戦を同時代的に経験したわけではない。ましてやわたしの子どもの年代ともなれば、その戦争は遠い昔の話ということになろう。いまでもわが国では、「戦後」といえば第二次世界大戦後のことをさす。しかし若い年代の人々にとっては、そのことの実感はますます薄れつつあるかもしれない。さてわたしの年代が行き合った歴史的な出来事となると、何をあげるべきであろうか。

わたしは東西冷戦の終結が、それにあたるものと思っている（あるいはまた冷戦終結に続くグローバリゼーションも、それと同等のものである）。ここで冷戦終結の一連の過程を、詳細に物語る余裕はない。しかしそれが、一九八九年の東欧革命（とりわけ同年一一月九日のベルリンの壁崩壊）から一九九一年のソヴィエト連邦解体にいたる一連の過程をさすことはいうまでもない。それはまさに、わたしの年代が目の当たりにした出来事であった。もっとも個人的には、その出来事はどこかよそ事のような感じがなくはなかった（必ずしもそれは、わたし個人に限った話でもないように思う）。それはわが国が、元々社会主義国ではなかったことと関わりがあろう。あるいはまた冷戦終結といっても、東アジアの冷戦構造はそのまま残ったこともそれに関連している。しかし冷戦終結に際してわたしがクールでいられたのは、わたしが社会主義者でも反社会主義者でもなかったからであろうと思う。

一九七〇年代末にわたしが大学に進学した当時、学生運動はすでに退潮の局面にあった。しかし今日と比べて、学生の批判的な社会意識は総じて高かった。その際マルクス主義は、学生の社会認識の一つのモデルとして大きな影響力を保っていた。それでは一九八〇年代初めに大学院に進学した当時の、社会学界の状況はどうであったか。結論からいえば純然たる社会主義者あるいは反社会主義者に、お目にかかるということはまずなかった。それはさきにもいうように、社会学者が元々価値判断に慎重な傾向をもつことに起因していたかもしれない（第2章）。にもかかわらず当時の社会学界は、大きく二つに分断されていた。それはマルクス主義的な社会認識に親近性をもつ集団とそうでない集団の、二つである。当時の社会学界の状況を端的に示すのは、『社会学講座』（福武直監修、東京大学出版会、一九七二―七六年）である。そこでは不思議なことに、二つの敵対的な立場が平和的に共存していた。

たとえば第一巻『理論社会学』（青井和夫編）は、当時隆盛であった構造―機能主義に立つ論者を中心に構成されていた。これに対して第二巻『社会学理論』（濱島朗編）は、マルクス主義に立つ論者を中心に構成されていた。このような学問的な対立構造はまさに、東西冷戦の構造（両陣営の間の緊張緩和の試みも含めて）を映し出していた。そこではだれもが、自分の旗印を明らかにすることを求められた。もしかれまたはかの女が、二つの陣営のどちらかに属しているならばそう問題はない。問題は二つの陣営の間で、どっちつかずの立場をとっている場合である。すなわちそれは、マージナル・パーソンの立場である。その際かれまたはかの女は、二つの陣営からうさんくさい人物との評価を受けることになろう。若干の被害者感情を交えていえばわたし自身も、そのようなマージナル・パーソンの一人であった。そしてそれから一〇年ほどのうちに、冷戦構造に終止符が打たれることになった。

二〇世紀の歴史は大略、二度の戦争と二度の革命からなっている。二度の戦争とはもちろん、二度の世界大戦をさす。二度の革命とは社会主義体制を樹立した**社会主義革命**と、それを打倒した反社会主義革命をさす。冷戦終結後に刊行された『共産主義黒書』のなかで、フランスの歴史家S・クルトワは二〇世紀の共産主義のバランスシートを示している。ソ連＝死者二〇〇〇万人、中国＝死者六五〇〇万人、カンボジア＝死者二〇〇万人……の総計として「共産主義の犯罪」の犠牲者は約一億人、とクルトワは推計している。この推計についてはおそらく、種々の議論が可能であろう。――しかし社会主義の実験が壮大なる失敗に終わったということは、すでに人々の共通の了解となりつつある。マルクスとエンゲルスは一九世紀の段階で、二〇世紀の社会主義の基本的な設計図を描いた人物である。いったいかれらの社会理論は、冷戦終結後の今日どのように評価することができるのであろうか。

●亡命生活

マルクスとエンゲルスの関係をどう理解するかは、それ自体一つの社会学的問題である。一般に二人の思想は、**マルクス主義**と呼ばれている。これはマルクスの協力者としての、エンゲルスの思想的地位を端的に示している。実際『共産党宣言』の一八八八年英語版（マルクスの死後刊行）への序文で、エンゲルスはこういっている。なるほど『宣言』は、わたしたちの共同の著作である。しかしそこでの中核的な思想は、ただマルクスのものである、と。エンゲルスのいう『宣言』の中核的な思想とは、いわゆる**唯物史観**のことをさしている。その序文でエンゲルスは、さらに次のようにいう。わたしたち二人は一八四五年の数年前から、この思想に近づいていた。わたしがそれにどれほど近づいていたかは、『イギリスにおける労働者階級の状態』（一八四四年刊のエンゲルスの単著）に示されている。しかし一八四五年にブリュッセルで再会したとき、この思想をマルクスは仕上げていた、と。

つまりはエンゲルス自身が、マルクスの思想的優位性を認めていたことになる。おそらくこれが、二人の関係についての一般的な理解であろう。その場合本章の副題には、マルクスの名前を掲げるだけで十分ということになろう。しかしここでマルクスとエンゲルス二人の名前を掲げるのは、エンゲルスの思想的な独自性を評価したいためである。アメリカの社会学者R・コリンズは社会学者としては、マルクスよりもエンゲルスのほうが重要であるという見解を提示している（『社会学の四つの伝統』）。コリンズはこう説く。マルクスは元々、政論家風の哲学者にすぎなかった。これに対して社会学的な思索をいち早く展開していたのは、エンゲルスであった。この二人が邂逅《かいこう》し、協力することで生まれたのが、「マルクス主義」であった、と。したがって（エンゲルスがマルクスの没後語るのに反して）「マルクス主義」の形成を主導したのは、エンゲルスであったとコリンズはとらえている。

コリンズはさらに、その後の二人の軌跡についても触れている。マルクスは学問的な後半生を、経済学の「退屈な迷宮」で過ごした。この間エンゲルスは、実業の世界に身をおいていた。しかしマルクスの死後、「マルクス主義」の定式化に奮闘した。したがって総じて、マルクスよりもエンゲルスのほうが「マルクス主義」の創唱者であったというのがコリンズの主張である（かれは「マルクス主義」を「エンゲルス主義」と言い換えたほうがよい、とまでいっている）。社会学者としてのエンゲルスに光をあてようとするそこでのコリンズの立場は、わたしたちにとっても示唆に富む。というのもここでは、社会学の枠内でマルクスとエンゲルスを問題にしているからである。カール・マルクスは一八一八年、ラインラントの裕福なユダヤ人家庭に生まれた。ラインラントは当時、プロイセン領であった。しかし一八一五年のウィーン議定書の調印以前の一〇数年間は、フランスの統治下にあった。

要するにそこは、ドイツとフランスの間の境界的な領域であったということである。いま一つ注意すべきことは、マルクスがユダヤ人であったということである。ユダヤ人が本来、脱領域的《エクストラテリトリアル》な存在であることはよく知られている。とりわけラインラントにおいて、ユダヤ人は自由な気風を保っていた。これらはともに、マルクスの思想的出自を考える上で興味深い材料である。マルクスは法律を学ぶために、ボン大学に入った（かれが最初法律家を志望したのは、父が弁護士であったことと関連している）。その後マルクスは、ベルリン大学に移る。そしてそこで、青年ヘーゲル派（当時の急進的な哲学者たちの呼称）の影響を受ける。哲学博士の学位をとったマルクスは、哲学者として身を立てたいと願う。しかし政治的な理由から、この願いは実現しなかった。結果としてマルクスが身を投じたのは、ジャーナリズムであった。これ以降かれは、生涯ジャーナリストとして収入を得ることになる。

それはまたかれが、生涯不安定な生活に苦しんだことを意味する。マルクスは青年ヘーゲル派の手になる、反政府的な日刊紙（『ライン新聞』）の編集長となる。そして政府のみならず、仲間の人々に対しても仮借のない批判を加える。これはかれの、終生にわたる言論のスタイルを示している。その新聞はやがて、プロイセン政府によって発行を禁止される。その後急進派の月刊誌を、フランスで創刊しようという話が持ち上がる。一八四三年マルクスは、その準備のためにパリに赴く。——これはかれの、ほぼ終生にわたる亡命生活の始まりを意味した。その雑誌（『独仏年誌』）は結局、一号しか出なかった。しかしパリでの生活は、マルクスにさまざまな急進的な思想家たちとの交流の機会を提供した。それは一つの社会理論としての、マルクス主義の形成にとって不可欠な手続きであったと見ることができる。その交流のなかで最も重要なものは、間違いなくエンゲルスとの再会であった。

●マルクス主義の土台

マルクスとエンゲルスは最初、一八四二年にドイツで出会った。そのとき二人は、必ずしも打ち解けた関係にはならなかった。二人は一八四四年、パリで運命的な再会をした。「運命的」というのはこれ以降、二人が終生にわたる盟友関係に入ったからである。フリードリッヒ・エンゲルスは一八二〇年、ラインラントのドイツ人経営者の子として生まれた。エンゲルスの父はドイツにおける、紡績業者の草分けの一人であった。エンゲルスはギムナジウム（ドイツの中等教育機関）を中退して、父の事業を手伝う。最初かれは、ブレーメンに派遣される。そして兵役ののち、マンチェスターに派遣される。この間エンゲルスは、独自の思想形成を遂げていた。それは青年ヘーゲル派の哲学から出発して、社会科学的な思考にいたる過程であった。それはまさに、マルクスの思想形成の過程と重なっていた。というよりもエンゲルスの思想が、マルクスの思想に大きな影響を与えたことが注目される。

理論的にはエンゲルスは、いち早く経済学の批判的研究に着手していた。のみならず実証的にも、資本主義社会の実情をつぶさに観察しうる立場にあった（というのも資本主義社会の最前線としての、イギリスに身をおいていたから）。その観察の成果である『イギリスにおける労働者階級の状態』は、社会学の古典的な事例研究として評価できる。したがって哲学から社会科学への移行について、エンゲルスのほうがマルクスよりも先行していたと見られなくもない。ともあれマルクス主義は、この両者の邂逅によって一八四〇年代に生まれた。マルクスとエンゲルスはパリでの再会後、緊密に連絡を取り合うようになる。一八四五年マルクスは、フランスからの退去を命じられ、ブリュッセルに移る。そしてエンゲルスも、一時的に父の事業から解放されて、そこに合流する。一八四五年から翌年にかけて二人が共同で執筆した『ドイツ・イデオロギー』は、このブリュッセル時代の産物である。

マルクス主義の理論的な骨格つまりは唯物史観が初めて本格的に叙述されたということにおいて、それは重要である。『ドイツ・イデオロギー』の根幹をなす第一巻第一篇「フォイエルバッハ」は、本来一つの草稿（未完成）である。その草稿は概《おおむ》ね、エンゲルスの手になるものである（エンゲルスの手稿にマルクスが加筆し、さらにエンゲルスが再加筆するというかたちで残っている）。それはマルクス主義の形成にあたって、エンゲルスの果たした役割の大きさを端的に物語っている。マルクスはベルギー、フランス、ドイツなどでの滞在を経て、一八四九年イギリスに亡命する。エンゲルスもまた各国を転々としたのち、一八五〇年マンチェスターでの仕事に復帰する。この間に二人は、国際的な共産主義組織の創設に関与している。社会学史を主題とする本書にとって、それは直接的な関心事ではない。しかし両者の場合、理論と実践とが不可分の関係にあったことは認めなければならない。

たとえば『共産党宣言』は、二人が参画した「共産主義者連盟」の綱領として執筆された。それは最初、一八四八年二月ロンドンで出版された（ドイツ語版初版）。これは同年のパリでの二月革命やベルリンでの三月革命などと、ほぼ同時期の出来事である。『宣言』がそれらの革命の勃発に大きな影響を与えたとは、とうていいえない。しかし二人が各国を渡り歩き、最後にイギリスに居を定めたのは、革命の推移と密接に結びついている。明らかにかれらは、理論家にとどまらず実践家であった。マルクスは一八四九年から一八八三年の死まで、イギリスに永住した。マルクスがイギリスに移住した時点で、マルクス主義の骨格はすでに固まっていた。マルクスがイギリスで取り組んだのは、それを理論的に彫琢するとともに実践的に応用するということであった。理論的にはかれの主要な関心は、経済学におかれることになった。やがてかれは、ロンドンの大英図書館に日参することになった。

その最大の成果が一八七三年に刊行された、『資本論』第一巻である（第二巻と第三巻はマルクスの死後、エンゲルスの編集で刊行された）。この間かれは、ジャーナリストとしての仕事を続けていた。しかしそれは、一家の生活を支えるには足りないものであった。必然的に一家の生活は、困窮の日々となった。マルクスの一家が何とか生き延びることができたのは（それでも子どもは、生まれては亡くなった）、エンゲルスの経済的援助のおかげである。のみならずエンゲルスは、ジャーナリストとしてのマルクスの代筆を多数こなしている。その際原稿料は、もちろんマルクスに受け取らせた。――エンゲルスは文字通り、マルクス主義の土台を担っていたということができる。

マルクスのイギリス時代のいま一つの大きな仕事は、「国際労働者連盟」（通称インターナショナル、一八六四—七六年）の設立である。その創設から崩壊にいたるさまざまな局面に、マルクスは深く関わっている。

●自己批判の書

『ドイツ・イデオロギー』の「フォイエルバッハ」篇の冒頭マルクスとエンゲルスは、そこでの議論の第一の前提を人間の物質的な生活におく。二人はそこで、人間を人間以外の動物から区別する標識《メルクマール》についてこういう。人間は自らの生活手段を生産することによって、動物と区別される、と。この人間が生活手段を生産する様式のことを、二人は**生産様式**と呼ぶ。その際生産様式は、それ自体一つの生活様式である。つまりは人間が何であるかは、人間が何を、どう生産するかに依存するというのが二人の基本的立場である。そこからマルクスとエンゲルスは、かれらの社会理論の原点を次のように定式化する。人々は一定の物質的な条件の下で、相互に活動している（そのような人々の相互の活動のことを二人は、「交通（Verkehr）」とも呼ぶ）。一般に社会は、このような人々の物質的な関係の上に成り立っている、と。その際理念、表象、意識などの、精神的なものの生産はどう理解されるのか。

それらは人々の物質的な活動の反映として現れる、と二人はいう。それは言語化された、政治、法律、道徳、宗教、哲学などについても同様である、と。マルクスとエンゲルスはここで、**イデオ**

ロギーという言葉を使う。元々それは、フランスの哲学者デステュット・ド・トラシーが自身の哲学の体系の呼称として用いた言葉である（この場合イデオロギーは、「観念学」と訳される）。その当時かれの学派の哲学者たちが、ナポレオンを批判していた。それに対してナポレオンはこう反論した。かれらは空論を弄《もてあそ》ぶ、イデオローグ（空論家の意）である、と。マルクスとエンゲルスはイデオロギーを、観念形態一般をさす言葉として用いた。本来それは、自立的なものではなく、社会的に制約されている（したがってかれらの用法におけるイデオロギーは、「社会的観念形態」とも訳される）、つまりは「意識が生活を規定するのではなく、生活が意識を規定する」というのが、二人の見解である。

わたしたちはそれを、一つの社会学的見解と見ることができる。マルクスとエンゲルスがイデオロギーの理論を提示したことには、固有の文脈がある。それは二人の草稿の表題である、「ドイツ・イデオロギー」という言葉と密接に結びついている。二人が思想的に登場した際に対決すべき存在は、ヘーゲル派とりわけ青年ヘーゲル派の哲学であった。ヘーゲルは理性の実現（かれはそれを、「理性の狡智《こうち》（List）」ともいう）の過程として、人間の歴史をとらえた。たとえば『法哲学』では、家族・市民社会・国家の関係が倫理的精神の展開の過程として把握される。その序文でかれはいう。「理性的なものは現実的であり、現実的なものは理性的である」と。『ドイツ・イデオロギー』でマルクスとエンゲルスが「天から地へと降下するドイツ哲学」というのは、このようなヘーゲル派の哲学のことをさしている。それに対して二人は、「地から天へと上昇」しなければならないというのである。

そこでの二人の批判的考察の対象である「ドイツ・イデオロギー」とは、ヘーゲル派とりわけ**青年ヘーゲル派**の哲学をさしている。青年ヘーゲル派（ヘーゲル左派ともいわれる）はヘーゲルの死後、ヘーゲル派から分岐した学派である。当初マルクスとエンゲルスが、その思想的影響下にあったことはさきに書いた。というよりも二人も、元々青年ヘーゲル派に属していたといってもよい。――その意味では『ドイツ・イデオロギー』は、二人の自己批判の書としての性格ももっている。

多彩な青年ヘーゲル派の哲学者たちの思想をここで、一々取り上げる余裕はない。ここでは「フォイエルバッハ」篇の主題である、**フォイエルバッハ**の思想だけを取り上げることにしよう。フォイエルバッハはヘーゲル派の観念論を、実在論あるいは唯物論に転回させた。たとえば『キリスト教の本質』（一八四一年）で、フォイエルバッハはこういう。宗教が人間を作ったのではなく、人間が宗教を作った、と。

かれはヘーゲル哲学の「逆立ち」を指摘したことにおいて、マルクスとエンゲルスの先駆者であった。もっともフォイエルバッハは、ヘーゲルの「理念」を「人間」に置き換えたにすぎない、つまりは人間を、ただ哲学的に問題にしているだけであるというのがマルクスとエンゲルスの評価である。それは概ね、青年ヘーゲル派の哲学に対する評価といってもよいものである。二人はいう。青年ヘーゲル派のイデオローグたちは実際には、最大の保守主義者である。かれらは空文句に対して、空文句を対置しているにすぎないから、と。それではマルクスとエンゲルス自身は、いかなる思想的立場を主張しようというのか。それが唯物史観を理論的支柱とする、マルクス主義であるといえばそれまでである。しかしマルクス主義の誕生は、人間を社会的な文脈でとらえようとする一つの試行であったと見ることもできる。言い換えればそれは、哲学から社会学が分岐する一つの過程を映し出している。

●絶え間ない変化

マルクスとエンゲルスは社会を、人々の協働連関として理解する。そして一定の生産様式＝産業の段階が、一定の協働様式＝社会の段階と結びついているという。その際二人は、分業によって社会的矛盾が拡大していく過程を問題にする。具体的にはそれは、労働・配分・所有のそれぞれの局面における不平等の拡大をさす（とりわけ二人は、肉体的労働と精神的労働の分割を問題にしている）。マルクスとエンゲルスはそこで、**物象化**（Versachlichung）という概念を提示する。物象化とはマルクス主義の鍵概念《キー・コンセプト》の一つで、人と人の関係が物と物の関係として現れることをさす。『ドイツ・イデオロギー』ではそれは、社会的分業との関係で問題にされている。すなわちそこでは、人々の協働連関が人々自身にとって物象的な強制力として現れることが問題にされている。言い換えればそれは、社会が（社会のメンバーである人々にとって疎遠な）固有の運動法則をもつ事態のことをさしている。

二人はそこで、アダム・スミスの言葉を引いてこう書く。「需給関係は、古代人の運命のように地上を漂《ただよ》い、見えざる手で人間たちに幸と不幸を分け与える」と。そのような矛盾を解消する方策としてマルクスとエンゲルスは、**共産主義革命**を提唱する（共産主義社会では分業が廃止され、各人が「今日はこれ、明日はあれ」と好きなことができるとされる）。このような革命理論は社会学的に、まったく評価できない。そこでは共産主義社会が、一つのユートピアとして夢想されているにすぎない。しかし革命理論を切り離した、二人の社会理論そのものはここで取り上げるに値する。マルクスとエンゲルスは社会（二人はそれを、市民社会とも呼ぶ）が、すべての歴史の真の汽罐《きかん》室であり、舞台であるという。そして歴史的に、社会の発展段階を定式化する。『ドイツ・イデオロギー』ではそれは、所有形態の変遷として描かれている（それが同稿の思想的限界であるとも、しばしばいわれる）。

すなわち部族所有→古代的な共同体および国家所有→封建的または身分的所有→近代的な私的所有（近代はマニュファクチュア→商業と海運→大工業、という三段階を経る）、という図式がそれである。後年マルクスは、『経済学批判』（一八五九年）の序言で、同様の図式を再定式化した。そこでは社会の発展段階が、生産様式の変遷として示されている。すなわちアジア的→古代的→封建的→近代ブルジョア的生産様式、という図式がそれである。それは社会発展の図式として、歴史学の周辺でさまざまな議論を生んできた。ところで社会学に固有の関心は、（歴史の全貌というよりも）近代社会をどうとらえるかということにある。したがってここでは、それに関するマルクスとエンゲルスの議論に焦点を絞ることにしよう。その際そこでの二人の社会理論の特徴は、階級対立を基軸に社会関係を解釈することである。つまりは二人の社会理論は、階級理論としての性格をもっているのである。

二人は近代社会の二大階級を、ブルジョアジーとプロレタリアートととらえる。ブルジョア(bourgeois)とは元々、「市民」もしくは「町民」をさす言葉であった。そこから「市民階級」あるいは「町民階級」のことを、ブルジョアジーと呼ぶようになった。これに対してプロレタリアートは、古代ローマの無産者(proletarius)に由来する言葉である(本来それは、財力がないために納税や兵役の義務を免ぜられ、子ども(proles)を作ることでしか国家に奉仕できない者という意味の言葉である)。そこから「無産階級」のことを、プロレタリアートと呼ぶようになった。この対概念については『ドイツ・イデオロギー』のなかでも、縷々《るる》語られている。しかしそれに関する、より体系的な記述は『共産党宣言』のなかに見られる。そこではまず、近代的な大工業の出現(それは世界市場の出現をともなっていた、とされる)によってブルジョアジーが支配階級として登場する過程が描かれる。

ブルジョアジーとはそこで、資本家階級のことである。これに対してプロレタリアートとは、労働者階級のことである。その際ブルジョアジーが支配階級となる＝プロレタリアートが被支配階級となる過程を、マルクスとエンゲルスはどうとらえているか。それは社会学の用語を使うならば、こう要約することができる。旧社会において人々は、コミュニティ的な秩序のなかで生活していた。具体的にはそれは、地域的・民族的な結合をさす。本来そこでは、人間相互の人格的な関係が保たれていた（同時にそこでは、個人の自由は大いに制約されていた）。しかしブルジョアジーの支配は、このようなコミュニティ的な秩序を破壊した。そこでは人間相互の関係が、非人格的なものとなる（それは「純粋な金銭関係」となった、と二人はいう）。――この新社会においてはあらゆるものが、絶え間ない変化、運動、動揺にさらされる。すなわち固定的な社会関係は、流動的なそれに姿を変える、と。

●本源的蓄積

今日『共産党宣言』は、一般に旧時代の遺物として理解されている。しかしグローバリゼーションの渦中にある今日、それには固有の社会学的インスピレーションをかきたてるところがある（わたしたちはそこから、Z・バウマンの現代社会の理論を想起することもできる）。たとえばマルクスとエンゲルスは、ブルジョアジーの世界創造についてこういう。ブルジョアジーは新しい産業によって、昔ながらの地域的・民族的な（コミュニティ的に自足した）産業を切り崩す。これによってあらゆる国々の生産と消費が、世界主義的なものになる。そこでは新たな欲望と、それを満たすための製品が次々と生み出される。この間地域相互・民族相互の依存関係が、あらゆる場面で現れる。それはまさに、農村を都市に、未開国を文明国に、東洋を西洋に従属させる過程であった、と。そこでの二人の議論はグローバリゼーションの名の下で、今日進行している事態にもある程度適応可能なものである。

さて最後に、『資本論』第一巻を取り上げることにしよう。その著作の目的は近代社会の経済的運動法則を明らかにすることである、とマルクスは書いている（初版序文）。したがってそれは、第一義的には経済学の著作である。マルクスはそこで、労働価値説から出発する。**労働価値説**とは商品の価値は、その生産に必要な労働量によって決定されるという学説をいう。それはスミスなども立脚していた、当時の（古典派）経済学の一般的な立場であった。その上でマルクスは、独自の**剰余価値説**を展開した。マルクスはこう説く。資本主義社会において資本家は、労働者に賃金を支払う。その賃金は本来、労働者が売る労働力の価値に見合うものであるべきである。しかし実際には、労働者はそれに見合う賃金を支払われていない、と。この賃金を超過する労働力の価値をマルクスは、剰余価値と呼ぶ。それは資本家が、労働者を「搾取」していることを意味するというのがそこでの含意である。

この剰余価値説はいわば、労働価値説から論理的に演繹されたものである（実際にはスミスも、それに類することをいっている）。今日の（新古典派の流れをくむ）経済学では労働価値説は、完全に放棄されている。そして労働価値説の崩壊は、論理的に剰余価値説の崩壊を意味する。今日剰余価値説を、経済学的に位置づけるならばそうなるであろうと思う。もっとも社会学的には、それと別様の意味づけができないわけではない。何もここで、剰余価値説が妥当であるといいたいわけではない。ここではただ、剰余価値説のイデオロギー的機能に注目したいだけである。さきにも書くように剰余価値説は、資本家による労働者の「搾取」を論証しようというものであった。それは思想的に、プロレタリアートのブルジョアジーに対する「階級憎悪」を正当化する根拠になったことを忘れてはならない。すなわちマルクス主義が、それ自体一つのイデオロギーとして機能したことが確認されてよい。

『資本論』の社会学的な意義の一つはそこで、明確にブルジョアジーとプロレタリアートが規定されたことである。プロレタリアートは生産手段をもたず、自分の労働力を商品として売るしかない人々であるのに対して、ブルジョアジーは生産手段をもち、プロレタリアートの労働力を買う人々であるというのがそれである。このような二大階級の存在は『資本論』の主題である、資本主義の法則の前提にあたる。したがってブルジョアジーとプロレタリアートの出現の過程は、そこでの直接的な主題ではない。しかしそこでは、それに関する歴史的な記述も行われている。とりわけ第七篇第二四章「いわゆる本源的蓄積」は、社会学的に興味深い。マルクスはそこでこういう。資本主義的生産は生産者が、大量の労働力を思う存分活用できる環境になければ成立しえない、と。——この資本の蓄積に先行する蓄積のことを、かれは**本源的蓄積**という（それに類することは、スミスもいっている）。

この本源的蓄積は経済学上の原罪の物語である、ともマルクスはいう。マルクスは労働者が、「**二重の意味で自由な**」存在であるとする（労働者は人格的に自由であるとともに、生産手段からも自由であるといわれる）。マルクスがそこでいわんとするのは、いったい何か。それは労働者が、形式的には自由であっても、実質的にはそうではない（自由に労働力を売ることができるにしても、それしか売るものがない）ということである。わたしたちはそこに、コミュニティ的な秩序から解放された人間の運命を見て取ることができよう。それは今日でも、大多数の人々がおかれている状況そのものである。マルクスとエンゲルスは近代資本主義の下では、「すべての堅固なものが跡形もなく消える」といっている（『共産党宣言』）。二人を社会理論家としてとらえることで、このような文言が再度光彩を放つということもなくはない。それが今日、社会学的に二人を読むということなのであろう。

共産主義体制の崩壊後マルクスとエンゲルスの思想的位置は、明らかに変化した。すなわちそれは、二人が思想的な破産者として扱われるようになったということである。わたしはここで、その破産宣告の取り消しを求めるものではない。社会学史上は二人がまた、別の相貌をもって立ち現れることを指摘したいだけである。それはいわば、革命の思想家ではなく思想の革命家としての相貌である。アメリカの哲学者R・ローティはグローバリゼーションの下でのアメリカ社会の変化を、「ブルジョアジーのプロレタリア化」としてとらえた。それ以前は「プロレタリアートのブルジョア化」が進行していたのに、というのがそこでの含意である（『わたしたちの国を実現する』）。それは一世紀半も前のマルクスとエンゲルスの概念が、いまでも有効に使われる一例である。——マルクスと同じくロンドンに亡命した思想家に、フロイトがいる。わたしたちは次に、かれを取り上げることにしよう。

4章

少数者の運命

フロイト

大衆は生来、怠惰で、知能が低く、自制を好まない。
――フロイト

●おしゃべり階級

ウディ・アレンの一連の作品のなかでは登場人物が、精神分析を受ける場面がしばしば描かれる。さらにまたそこでは、精神分析の用語がさまざまな場面で使われる。たとえば『アニー・ホール』は、題名からして精神医学の影響を受けている。さしあたりアニー・ホール（Annie Hall）とは、その作品の女主人公の名前である。しかし元々、その作品は『無快感症（Anhedonia）』という題名であった。それが興行上の理由から、『アニー・ホール』に変更されたとのことである。無快感症とは精神医学の用語で、「何にも喜びを見いだせない」状態をさす。それは『アニー・ホール』の世界を、簡潔に言い表しているようにも映る。アレンの多くの作品と同じく、『アニー・ホール』の舞台はニューヨークである。アルビー・シンガー（ウディ・アレン）はブルックリン生まれの漫談家で、二度の離婚歴がある。かれは友人の紹介で、アニー・ホール（ダイアン・キートン）という女性と出会う。

かの女はウィスコンシン州の出身で、ニューヨークで歌手修業をしている。出会った当日アルビーとアニーは、アニーの部屋で語り合う。その際二人が発話するたびに、二人の内心の声が字幕として表現される場面がある。アニーが撮った写真を評しながら、アルビーは内心こういっている。「いい女だ。裸にしてみたい」と。この写真評に応じながらアニーもまた、やはり内心こういっている。「バカにされそう。負けちゃ駄目」と。ここでは二人が実際話していることと内心思っていることとの間に、明らかな乖離がある。社会学的にはそれは、自我の社会性の問題に関連している（G・H・ミードであればそれを、Iとmeという概念で解釈するであろう）。いずれにしてもここには、すこぶる精神分析的な主題がある。『アニー・ホール』にはこれに類する場面が、ほかにもある。たとえばアルビーとアニーがベッドで愛し合っているとき、アニーがベッドを抜け出す姿が二重写しになる。

アニーはベッドの側で、アルビーと愛し合う自分の姿を見ている。そういうアニーにアルビーは、「何だか気が入っていないみたいだ」などといっている。アルビーはもう一五年ほども、精神分析を受けている。アルビーの勧めでアニーもまた、精神分析を受ける。二人が別個に精神分析を受ける場面は、分割された画面で同時に表現される。そこでは精神分析は、ほとんど揶揄《やゆ》の対象となっている。二人はそれぞれ精神分析医に、性交渉の回数が多いだの、少ないだのとこぼしている。アメリカ人はちょっとした悩み事でも、すぐに精神分析医に相談に行くとはよく聞く話である。しかしそれには、「高額の費用を負担する余裕があれば」という条件を付さねばならない。その意味では精神分析は、どちらかといえば富裕層の習俗に属するというのが適当である。――英語で「リベラルな意見を臆せず口にする金持ちの知識人」のことを、「おしゃべり階級（chattering classes）」と呼んだりする。

ウディ・アレンの映画で重要な位置をしめるのが、この「おしゃべり階級」である。そこでは精神分析が、この種族の固有の習俗と化していることが示される。なぜ精神分析は、「おしゃべり階級」と親和性をもつのか。元々精神分析は、都市中間層を主要な基盤としてきた。ニューヨークの「おしゃべり階級」はまさに、この都市中間層の純粋型である。コミュニティ的な秩序から解放されたかれらは、徹頭徹尾自由な存在である。しかしまたかれらは、恒常的な不安にさらされている。それはアレンの着目する、無快感症の社会的温床といわねばならない。アレンの別の作品『カメレオンマン』（原題『ゼリグ』）は、一九二〇年代のニューヨークを舞台としている。そこにはカメレオンのように、自分の周囲の人々に次々と同化し、変身してしまう男ゼリグが登場する。かれは精神病院に送られ、精神科医の診察を受ける。そして精神分析を通じて、カメレオンマンの誕生の秘密が明かされる。

小学校時代ゼリグは、優秀な生徒たちから「『白鯨《モービー・ディック》』を読んだか」と聞かれ、「まだだ」といえなかった、というのがそれである。かれは安全のために、周囲に同化する戦略をとったというのである。多少社会学をかじった者であれば、カメレオンマンから**「他人志向型」**という概念を想起するであろう。その提唱者であるリースマンもまた、「他人志向型」人間の不安に着目していた。わが国で精神分析が、どれだけ受容されているかについては疑念がある。しかしカウンセリング一般は、明らかに市民権を得てきている。たとえばわたしの勤務先の大学でも、専任のカウンセラーが学生の相談に応じている。あるいはまた大きな災害や事件が起こるたびに、「心のケア」の必要性が叫ばれる時代である。その意味では精神分析は、ニューヨークの「おしゃべり階級」の専有物ではないのであろう。というのはわたしたちの社会も、かれらの社会と同じく恒常的な不安にさらされているからである。

●心的外傷

本章では精神分析の創始者、フロイトの理論を社会学史のなかに位置づけたい。ジグムント・フロイトは一八五六年、オーストリアのモラヴィア地方（現チェコ領）に生まれた。かれの父親は貧しい毛織物商人で、四〇歳のときに二〇歳の三人目の妻を迎えた。かれらの間に長男として生まれたのが、フロイトである。さてフロイトの家族構成は、一風変わっていた。かれの異母兄の一人は、フロイトの母親よりも年長であった。そしてまたフロイトには、年上の甥（異母兄の子）がいた。これらが精神分析の理論の形成に影響を与えたかどうかについては、何ともいえない。フロイトの出自についていま一つ語らなければならないのは、かれが生粋のユダヤ人であったことである。『自己を語る』という自伝的作品でフロイトは書いている。ユダヤ人であることで早いうちから、少数者の立場に身をおくという運命に親しんだ。そのことは自分が、学問的にわが道を行くことの素地にもなった、と。

一家はフロイトが四歳のとき、ウィーンに移り住んだ。それ以降一九三八年にロンドンに亡命するまで、フロイトはウィーンに居住した。ウィーン移住後も一家の生活は、そう好転しなかった（フロイトの後に六人の弟妹が、次々に生まれた）。そのなかで両親は、フロイトの将来に大きな期待を寄せる。というのもかれは、ギムナジウムでの七年間を首席で通したからである。『自己を語る』によるとフロイトは、元々自然科学よりも人文科学に関心があったらしい。しかし大学で専攻したのは、医学であった。学位の取得後は生理学研究室で、神経組織の研究にあたった。かれが精神医学に出会った経緯は、大略以下のようなものである。二六歳のときフロイトは、ユダヤ人女性と婚約した。かれは結婚資金を得るために、病院に就職する。さまざまな科を回った末にかれが専門としたのが、精神医学であった。当時ウィーンでは、この分野はほとんど未開拓であったとフロイトは書いている。

フロイトは二九歳のときに、ウィーン大学の神経病理学の私講師に任命される。ここで**私講師**(Privatdozent) というものについて、若干の注釈が必要であろう。これはドイツ式の大学で、正教授職への一階梯と位置づけられていた役職である。まず私講師になるには、教授資格試験に合格する必要があった。そして私講師になると、講義が担当できた。しかし無給である（学生から聴講料を徴収できるだけ）というのが、この役職の性格をよく物語っている。四五歳のときにフロイトは、員外教授という役職に昇進する。しかしこれにも、俸給と権限が付随しないことにかわりはなかった。フロイトは生涯、臨床医として一家の生活を支えた（もっとも教授と名のつく存在になることで、より高い診察料をとることができるようになったが）。その意味ではかれは、民間学者としての性格を濃厚にもっている。それはかれが、紛れもなく一つの学問体系の創始者であったことと関連している。

私講師になって間もなく、フロイトはパリに留学した。パリでは**ヒステリー**の専門家、J・M・

シャルコーに師事した。ヒステリーは当時、必ずしも心因的な疾患とは理解されていなかった。シャルコー自身もそれを、器質的な疾患と理解していた。しかしシャルコーは、ヒステリーの治療に催眠術を用いていた（患者に催眠術をかけては、ヒステリー症状の消長を示してみせた）。これはフロイトが、精神分析を構想するにあたっての一つの礎石となった。ウィーンに戻ったフロイトは、神経科の医院を開業した。フロイトは精神病を、心因的な疾患と理解しようとしていた。しかし理論的に、そのことをなかなか説明しえないでいた。かれにとって理論的突破のきっかけとなったのは、年長の友人で医師のJ・ブロイアーとの交流であった。ブロイアーはアンナ・Oという仮名で知られる、ある女性のヒステリー患者を治療した。そのなかでかれは、精神分析の歴史に残る大きな「発見」をした。

催眠状態に入ったアンナが、ブロイアーにさまざまな話をする。その際アンナが、ヒステリー症状の誘因となっている体験を思い出す。すると件《くだん》の症状がきれいに消えてしまう、というのがそれである。一八九五年ブロイアーとフロイトは、『ヒステリー研究』を世に問うた。二人はそこで、こういう。——ヒステリー現象の誘因となるのは、**心的外傷**（psychic trauma）である。一般に心的外傷とは、恐怖、不安、恥辱などの情動を呼び起こす衝撃的な体験をいう。そのような体験はしばしば、**無意識**のうちに抑圧されている（意識の上では忘却されている）。しかしそれは、時としてヒステリー症状の誘因として作用する、と。その上で二人は、続けてこういう。もし患者がヒステリー症状の誘因となっている体験を思い出せば（とりわけそれを明確な言葉にすることができれば）、その症状はたちどころに消失する、と。ここにはすでに、フロイト流の精神分析の基本的な構図が見て取れる。

●エディプス・コンプレックス

フロイトが精神分析という言葉を最初に用いたのは、一八九六年のことであるといわれる。この年フロイトは、父親を亡くしている。そしてまた学問的理由で、ブロイアーと訣別している（その後フロイトは、フリースという耳鼻科医との交際を親密化している）。ここではブロイアーとの訣別の経緯について、簡潔に触れておこう。ブロイアーとフロイトはヒステリー患者が、無意識的記憶に悩まされているということでは合意していた。しかしフロイトは、そのような記憶がついには性的葛藤に行き着くという見解をもちつつあった。そしてそれに、必ずしも同調しないブロイアーと袂《たもと》を分かったというわけである。フロイトの伝記を読んで気づくことの一つは、かれが何度も旧友と敵対関係に陥っているということである。要するにかれは、仲間を得ては失うということを繰り返している。ブロイアーのほかにもユング（フロイトの後継者から批判者に転じた）との交流は、その典型例である。

さだめしフロイト本人を、精神分析の対象とすれば面白いのであろうと思う。しかしここでは、次のことを確認するだけで十分である。フロイトが次々と友人を失ったことの根源には、かれの性欲理論があったこと。そしてそこに、フロイトが創始した精神分析の本質があることを。ともあれ一九〇〇年刊の『夢解釈』には、精神分析の理論の原型が提示されている。その巻頭には古代ローマの詩人ウェルギリウスの『アエネーイス』から、「天上の神々を動かすことができないなら、冥界を動かそう」という一節が引かれている。元々それは、(自分の願望がなかなか実現しないことに業《ごう》を煮やした、ある女神が口にする言葉で)「是が非でも目的を達成しよう」という含意をもつ。しかしフロイトは、それを固有の文脈で用いている。「冥界」とはそこで、「無意識の世界」をさす。すなわちそれは、「人間の心は無意識のうちに働く」というそこでのかれの主張を簡潔に要約しているのである。

フロイトは夢を、人間の無意識的な心の働きによるものととらえる。そしてさまざまな夢の解釈を通じて、「夢は欲望成就である」という命題を提示する。たしかに夢のなかには、自分の欲望が成就する夢がある。しかしまた同時に、自分の欲望が成就しない夢もある(前者を欲望の夢、後者を反欲望の夢、とフロイトは呼んでいる)。より具体的にはそれは、苦痛な夢や不快な夢をさす。もっともフロイトは、それらも欲望が成就する夢と解釈できるという。かれはここで、顕在的な夢と潜在的な夢という概念を導入する。潜在的な夢の内容が抑圧され、検閲され、翻訳され、歪曲され、偽装されたものが、顕在的な夢の内容であるというのである。さてここでは、夢に関するフロイトの理論の正否を問題にしたいわけではない。ここではかれが、人間の心的装置のなかに二つの審級《インスタンス》(この法律用語をフロイトは、心的装置の下位構造をさす言葉として用いている)をおいていることに注目したい。

第一の審級は欲望を追求しようとし、第二の審級はそれを抑制しようとする、とそこでは語られる。いずれにしても人間の心的作用を、一つの葛藤としてとらえようとするのは精神分析の理論の特徴である。いま一つ『夢解釈』で注目すべきことは、幼児性欲の議論がそこで展開されていることである。――とりわけ**エディプス・コンプレックス**の概念は、その中核をなすものである。それはフロイトが、古代ギリシアのエディプス伝説をもとに名づけた心的傾向である。エディプス（オイディプスともいう）はテーバイの王ライオスと王妃イオカステの間に生まれ、乳飲み子のうちに

モロー画『スフィンクスとエディプス』（メトロポリタン美術館蔵）．スフィンクスは「朝は四脚，昼は二脚，夜は三脚のものは何か」と謎をかけ，解けない者をむさぼり食っていた．さて読者各位は，この謎が解けるであろうか．

捨てられる。それは父王に、「やがて実子に殺される」との神託が下ったからである。エディプスは羊飼いに拾われ、コリント王の子として育てられる。長じてのちかれは、「父親を殺し、母親と結ばれる」との神託を受ける。育ての親を実の親と思っていたエディプスは、両親から身を離すためにコリントを去る。

旅の途中でエディプスは、実父とは知らずにライオス王を殺してしまう。やがてエディプスは、テーバイにさしかかる。折からそこは、スフィンクス（女面獅身の怪物）に苦しめられていた。それを退治したエディプスは、テーバイの王に迎えられる。そして実母とは知らずに、イオカステと結ばれる。かくして人間の意図に反して、神託が実現するというのがエディプス伝説である。フロイトはこういう。幼児は本来、固有の性的欲望をもつ。すなわち男の子は、母親に愛着をもち、父親に敵意を抱く。これに対して女の子は、父親に愛着をもち、母親に敵意を抱く。しかしまた同時に、このような性的欲望は次第に抑圧されていく。つまりは異性の親を恋慕し、同性の親と敵対することに、子どもは罪悪感をもつようになる、と。このような幼年期の欲望（ある意味でエディプス伝説は、それが成就する物語である）をめぐる心的葛藤の複合体をフロイトは、エディプス・コンプレックスと呼ぶ。

●父親的存在

さてフロイトを、社会学史で扱うことには多少の弁明が必要である。まずもってかれは、社会学者ではない。職業的な社会学者でなかったことはもちろん、先駆的な社会学者であったわけでもない。一応かれは、精神医学者ということになろう。実際精神医学のなかでは、かれの存在はそれなりに認知されている。しかし心理学者ということになると、話は別である。わたしはかれを、心理学界から排除する心理学者に何人も会ったことがある。フロイトにはかれ自身もいうように、少数者の風貌がある。しかしそれは、かれの理論が学問的な影響力をもたなかったことを意味しない。

ここでは話を、社会学への影響ということだけに絞ろう。フロイトが社会学者であろうとなかろうと、かれの理論は社会学史に大きな痕跡を残している。それがここで、かれに一章を割く理由である。ところでフロイトは、ジンメル、デュルケーム、ウェーバーよりも早く生まれ、かれら三人よりも遅く亡くなった。

かれが三人の大社会学者と、ほぼ同時代の人物であったことは注目されてよい。それではフロイトは、社会学にどのような貢献をしたのか。一言でいえばそれは、**道徳性の根源**の解明ということであろうと思う。一般に道徳は、内面的な拘束力をもつ規範と理解されている（それは法が、外面的な拘束力をもつことと対置される）。しかしそれが、社会的な規範の一種であることは明らかである。その際道徳が、どのように内面化されるのかは社会学の重要な問題の一つである。この問題についてフロイトの理論は、さまざまな変遷を経ている。ここではまず、一九二三年に刊行された『自我とエス』を取り上げたい。というのも自我・エス・超自我という、心的装置の三つの審級がそこで初めて明示されたからである。『自我とエス』の冒頭フロイトは、心的なものを意識的なものと無意識的なものに区分する。そして無意識的なものの存在を認めることが、精神分析の理論の大前提であると説く。

その上でフロイトは、心的装置の三つの審級へと議論を移していく。かれはまず、**自我**（Ego）についてこういう。一般に自我は、すべての心的生活を統括するものと理解されている。しかしそれは、能動的というよりも受動的な存在である。すなわち自我は、何かはっきりしない存在に衝《つ》き動かされている、と。この何かはっきりしない存在をフロイトは、**エス**（Es）と呼ぶ。元々エスは、ドイツ語の三人称代名詞（中性単数一格と四格）である。ドイツ語でそれは、非人称動詞の主語（何かはっきりしないものを表す）としても用いられる。エスを心的審級の一つとして想定するというのは、必ずしもフロイトの創見ではない。この見解をフロイトは、ドイツ人医師で文通相手であったG・W・グロデックに負っている。さらにいえばグロデックは、その着想をニーチェから得たとのことである。しかしエスが、学問の共通語として広く流通したのはフロイトの功績であるといって間違いない。

なおesは、そのまま英語に置き換えるとitである。しかし英語では、精神分析用語のEsにラテン語のid（itの意）をあてている。話を戻すとフロイトは、自我とエスの二者関係をどうとらえていたか。それについてフロイトはこういう。本来自我は、エスから発生し、分離したものである。エスが快楽原則で動くのに反して、自我は現実原則で動いている。つまりはエスが欲動や本能を表現するのに対して、自我は理性や分別を表現している、と。その上でかれは、さらにこういう。必ずしも自我を、「奔馬《ほんば》を統御する騎手」に喩えることはできない。というのも自我は、しばしばエスの意志を（自分の意志であるかのように）実行に移しているから、と。いずれにしてもフロイトは、自我とエスの対立関係を心的構造の一つの基軸としてとらえた。と同時にフロイトは、続けて（自我とエスに続く）三つ目の心的審級を想定する。それは「理想自我」とも呼ばれる、**超自我**（Über-ich）である。

フロイトはそこで、超自我が自我から分化する過程を問題にする。そこでのフロイトの議論はさきに紹介した、エディプス・コンプレックスの概念に依拠している。たとえば男の子の超自我形成について、フロイトはこう説く。男の子は最初、両親をともに愛している。しかし次第に、父親を排し、母親と結ばれたいと願うようになる。その際男の子は、父親に対してアンビヴァレントな関係におかれる。つまりは男の子にとって、父親は愛憎相半ばする存在となる。やがて男の子は、この心的葛藤（エディプス・コンプレックス）を克服していく。その過程を通じて男の子は、ほかでもない父親の力を借り受ける。すなわち男の子は、自分の欲望（エディプス的欲望）の禁止者としての「父親」を自分のなかに取り込む（父親を同一化する）、と。——この自分のなかの父親的存在のことをフロイトは、超自我という。そしてそれこそが、精神分析の理論において道徳性の根源にあたるものである。

●集団の心理

超自我をめぐるフロイトの議論は、種々の問題を含んでいる。とりわけそこでの物語は、男の子を中心に描かれている。したがって女の子の超自我形成については、多少あいまいな議論になっている（女の子の場合母親を同一化することで、女性的性格が形成されるとフロイトは説くにしても）。しかし社会学的には、フロイトの理論をそう細かく穿鑿《せんさく》することが重要とも思えない。さしあたりここでは、次のことが確認できれば十分である。すなわち子どもは、両親との葛藤を通じて超自我を形成する。その超自我は結果的に、両親を模範としているということが。『自我とエス』でフロイトは、その後の物語をも素描している。子どもが成長する過程で両親とりわけ父親の役割は、教師やそれに類する人物たちに引き継がれる。かれらの叱責や禁止は子どもの自我に取り入れられ、超自我の形成に役立つ。かくして超自我は、良心として自我の道徳的監視を行うようになるというのがそれである。

たとえば罪悪感は、良心（超自我）と自我との緊張関係のなかで生じるとフロイトは説く。パーソンズは『社会的行為の構造』の第二版への序文（一九四七年）で、フロイトについて触れている。パーソンズはそこで、こういう。本書では社会科学の理論的発展に多大な貢献をした、三人の学者（パレート、デュルケーム、ウェーバー）を取り上げている。たしかに社会学的な側面については、この三者が抜きん出ている。しかし心理学的な側面については、フロイトを逸することはできない。

もし本書を改訂することになれば、フロイトを扱わないわけにはいかない、と。要するにパーソンズは、フロイトの社会科学への貢献を大いに評価していたわけである。しかしパーソンズは、その第二版を初版（一九三七年）のまま刊行した。したがってそこでのフロイトへの言及は、少々間の抜けたものといわねばならない。もっともパーソンズは、のちにフロイトの理論に正面から向き合うことになる。

たとえばR・F・ベールズなどとの共著『家族』は、フロイトの理論を完全な下敷きにしている。というよりもフロイトの心理学説を、自身の社会学説の前提とすることがそこでのパーソンズの関心であった。たとえばそこでは、子どもの社会化が社会の存続の重要な条件ととらえられている。パーソンズの理論については以下の章で、主題的に扱いたいと思う。ただここでは、フロイトの理論が社会学の中心的な問題と結びついていることを確認したかっただけである。その上で社会学の側から、かれの理論に疑問を呈することもできる。たとえばかれの理論は、一般的に妥当するものであろうか。さきにも書くようにフロイトは、生涯精神分析医であった。その際かれが診察した患者は、総じて富裕者や有力者であった。さらにまた資料を通じて、実在もしくは架空の有名人を分析した仕事もある。たとえばレオナルド・ダ・ヴィンチ、モーセ、カラマーゾフの兄弟などの分析が、それにあたる。

しかしかれは、その他大勢の人々の臨床経験はほとんどもっていなかった。わたしたちはそこに、精神分析の理論の階級的制約を見て取ることもできる。その意味ではフロイトの理論を、どこまで広く適用できるかについては疑問が残る。──フロイトはやがて、個人の心理から集団の心理へ関心を広げていく。言い換えればかれ自身が、一つの社会理論の構築に着手したわけである。一九一三年に刊行された『トーテムとタブー』は、その初期の作品である。フロイトはそこで、トーテミズムとタブーの起源を精神分析の理論によって解き明かそうとする。**トーテミズム**とはある集団が、ある動植物（トーテム）と特殊な関係にあるとする信仰をいう。一方**タブー**とは、ある事象を見たり、それに触れたりしてはならないとする禁忌をさす。それらは当時、いずれも原始的な心理機制として理解されていた（トーテムはアメリカ・インディアン、タブーはポリネシアンの言葉にそれぞれ由来する）。

フロイトはトーテミズムの根本には、二つのタブーがあるという。すなわちトーテム動物を殺したり、トーテム仲間を娶《めと》ったりすることの禁止が、それにあたる。その起源についてフロイトは、次のような物語を展開する。人類は当初、独裁的な首長が支配する部族単位で生活していた。首長＝父親は部族内の女たちを独占するとともに、他の男たち＝息子たちを追放した。ある日息子たち（兄弟たち）が反乱を起こし、父親を殺して食べてしまう。それによってかれらは、父親との一体化をなしとげる。と同時にかれらは、罪責感にとらわれる（というのも父親は、かれらにとってアンビヴァレントな存在であったから）。そこでかれらは、トーテムを父親の身代わりとする。そして自らに、トーテムを殺すことを禁ずる。さらにまた部族内の女たちを自分のものにすることをも、自らに禁ずる。かくしてトーテミズムの根本にある、二つのタブーができあがったというのがフロイトの仮説である。

●大衆と指導者

そこではトーテミズムとタブーの起源が、エディプス・コンプレックスの概念によって説明されている。要するに社会過程は、心理過程とパラレルであるというのがフロイトの立場である。このような立場は遺憾ながら、社会学ではほとんど支持されていない。すなわち社会過程は、心理過程とは別個であるというのが社会学の立脚点である(『トーテムとタブー』でフロイトは、デュルケームの社会学説を棄却している。しかし社会学は、デュルケームの社会理論を一つの立脚点としている)。そうでなければ社会過程の分析には、心理学があれば十分ということになってしまうであろう。しかしだからといって、フロイトの社会理論が一顧だに値しないというわけではない。というのも答えはともかく、その問いのほうはいまでも有効であるからである。それは社会が、いったいいかなる起源をもつのかという問いである。この問いにフロイトは、さまざまな題材を通して執拗にアプローチした。

一九二七年に刊行された『幻想の未来』では、宗教の起源が問題にされている。その冒頭フロイトは、**文化**について述べる。かれはこういう。一般に文化は、(動物と区別される)人間固有の生活を特徴づけるものである。その際文化は、人間の欲動を満たすとともに、人間の欲動を抑える側面をもつ。それは人間が、共同生活を営んでいるからである(たとえば財を、どう人々の間で分配するかということは重要な文化的課題である）。したがって文化は、人々の欲動と敵対する一面をもつ。そこから文化そのものを、どう人々から防衛するかという課題が生じる、と。ここでフロイトが提起しているのは、純然たる社会学的問題である。すなわちそれは、社会的な秩序はいかにして可能かという問題である。そしてそれは、古来多くの思想家が取り組んできた問題でもある。それではフロイトは、その問いにどのように答えたか。――ここでフロイトは、大衆と指導者という対立軸を導入する。

フロイトはこういう。元々どんな人間にも、反社会的な傾向はある。しかしとりわけ、**大衆**（mass）の反社会性が問題である。というのも大衆は、生来怠惰で、知能が低く、自制を好まない。のみならず説得によって、かれらの情念を抑えることもできないからである、と。かくしてフロイトは、指導者が大衆を権力的に支配しなければならないと説く。おそらくそれが、フロイトの社会理論の一つの結論にあたるのであろう。そこでは（自我における）エスと超自我の関係が、（社会における）大衆と指導者の関係に置き換えられている。さきにもいうようにそれは、フロイトの社会理論の習性を示している。しかしここでは、それがオルテガの『大衆の反逆』（一九三〇年）などと同等の主張であることに注目したい（のちに見るようにオルテガは、大衆が社会の指導的地位に上ったことを批判している）。同時にそれは、フロイトがプラトン以来の知的習俗の系譜に連なることを示している。

『幻想の未来』でフロイトは、階級的な不満についても論じている。社会的に冷遇された（要求の実現を阻止された）階級は、優遇された階級に対して不満を蓄積するというのがそれである。社会学的にはそれは、シェーラーのルサンチマンの理論などを連想させるものである。しかし『幻想の未来』の中心的な主題は、**宗教**とりわけキリスト教の起源にある。フロイトはこういう。人間は生来、弱く、寄る辺ない存在である。宗教は人間が、そのような苦境に対処するために創出した観念である、と。ここでフロイトは、例によって幼児期の願望を引き合いに出す。そしてこういう。幼児が父親の庇護を願うように、人間は父なる神の庇護を願う。宗教とはつまるところ、人間の原初的な願望の実現である、と。宗教が一つの幻想であるというそこでのフロイトの主張は、宗教的な知ではなく、科学的な知に基づくものである。その延長線上でフロイトは、文化全般が幻想である可能性を指摘する。

同時にかれは、科学的な知そのものも幻想であるかもしれないと説く。それは知識社会学的に、フロイトの知の位相を問題にする上で興味深い。さて最後に、一九三〇年に刊行された『文化への不満』を取り上げたい。フロイトはそこで、エロスとタナトスの問題を取り上げている。**エロス**が生の欲動をさし、結合と創造の力となるのに対して、**タナトス**は死の欲動をさし、分離と破壊の力となる（ギリシア神話でエロスが愛の神、タナトスが死の擬人神であることに、それぞれ由来する）。本来人間の欲動には、これら二つの側面がある。たとえば文化は、それを創造しようとする力と破壊しようとする力との闘争であるとフロイトは説く。それはフロイトが、晩年に行き着いた理論的境地であった。そのような境地にかれが行き着いたのは、二〇世紀前半の戦争と革命の時代の只中《ただなか》においてであった。二一世紀の冒頭を生きるわたしたちにとってもそれは、けっして理論的光彩を失っていない。

大学時代わたしは、高名な精神医学者O先生の講義を聴く機会があった。O先生は任意の課外実習というかたちで、当時先生が関わっておられた精神科の病棟に学生数名を招いて下さった。そしてわたしたち学生に、統合失調症の患者数名と話をするという得難い経験をさせて下さった。といっても記憶に残るのは、ろくろくコミュニケーションにならなかったということである。わたしはフロイトの仕事も、それと似たり寄ったりのものではなかったかと思う。というのもかれは、見ることのできないものを見、聞くことのできないものを聞こうとしたからである。その際かれが、理論的な構想力を十全に発揮したことはいうまでもない。しかしかれの仕事を大本《おおもと》で支えたのは、少数者の運命を引き受ける闘志のようなものではなかったかとわたしは思う。――フロイトと同様に長く私講師の地位にあったユダヤ人社会学者に、ジンメルがいる。わたしたちは次に、かれを取り上げることにしよう。

5章

繊細な観察者

ジンメル

よそ者は集団に、客観的な態度で向き合っている。——ジンメル

●「無縁」の空間

社会学には一応、「文学社会学」という部門がある。ただし何らかの方法や理論が確立しているかというと、そうではない。ひょっとしたら将来、それらが確立する日が来るのかもしれない。しかしいまのところは、さまざまな試行が繰り返されているだけである。必ずしもわたしは、それを不幸な状況とは思わない。これ幸いとわたしたちは、自由に「文学社会学」に挑戦すればよいのではなかろうか。ということでここでは、わたしの若干の試行を披瀝《ひれき》させていただく。最初に取り上げたいのは、森鷗外の『雁』である。その男主人公の岡田は東京大学医学部の学生で、無縁坂の上の下宿屋で暮らしている。かれは夕食後、散歩に出ることを習慣としている。小説は岡田と、女主人公のお玉との出会いを中心に展開する。お玉は下町の出で、目下無縁坂の家で暮らしている。かの女は高利貸の男によって、そこに囲われているのである。岡田は散歩の途中、お玉と顔を合わせることが恒例となる。

二人は互いに、相手のことを意識するようになる。といっても二人の間に、特段何が起こるというわけでもない(ただ蛇退治の際に、多少の言葉交わしをするにすぎない)。そして岡田の洋行を機に、二人の関係には終止符が打たれる。しかし二人の関係は、いわば未完の物語としての内実をもっている。すなわち二人は、明らかに男と女として出会っているのである。社会学的にわたしが関心をもつのは、二人の出会いの場が最初から最後まで坂であったことである。これについて参考となるのは、行逢坂《ゆきあいざか》ならびに行逢橋《ゆきあいばし》をめぐる折口信夫《おりくちしのぶ》の議論である（『枕草子解説』）。ここでは行逢坂を中心に、その議論を紹介することにしよう。折口はこういう。坂は古来、一つの境界的な場所であった。たとえばそこは、山の民と里の民が出会う場所であった。そこにはしばしば、市が立った。あるいはまたそこは、男女が歌を詠み交わし、自由な語らいをする場所（いわゆる歌垣《うたがき》の庭）ともなった、と。

その際折口は、異人《まれびと》という概念を使っている（それがかれの国文学の鍵概念の一つであることは、つとに知られている）。それは社会学の用語に置き換えれば、よそ者（stranger）ということになろう。山の民と里の民は坂で、互いに異人＝よそ者として出会うというのである。このような坂や橋（橋についても坂と同様の議論がなされる）を舞台とする男女の交渉に、わが国における文学の一つの起源があると折口はいう。『雁』の主要な舞台である無縁坂は、山の手と下町の境目に位置している。そして岡田は山の手の住人であり、お玉は下町の住人であった。その意味では無縁坂が二人の出会いの場となったことには、文学的な必然性があったのである。今日でもドラマなどで、男と女が坂や橋で出会う場面を時々目にする。一面ではそれは、現代劇が古典的な枠組みに制約されていることを示している。しかしまたそれは、坂や橋が固有の社会的様相をもつ空間であることをも示している。

というのもそこでは、人々が社会的に自由な存在でありうるからである。そのことを考えるのに格好の題材となるのは、樋口一葉の『十三夜』である。その主要な舞台は無縁坂のごく近辺の、上野公園である。歴史家の網野善彦が「無縁」という概念を提唱したことは、諸学に大きな刺激を与えた（『無縁・公界・楽』）。そこでいう「無縁」は、ドイツ語のアジール（Asyl）や英語のサンクチュアリ（sanctuary）に相当する言葉である。古来それらの空間では、犯罪者や債務者が責任を免除された。そしてまたそこは、市や男女の語らいの場ともなった。要するにそこは、人々の自由な交流の場であったのである。網野は元来、そのような領域がわが国にも存在してきたとする。ただしそれは、中世以前の話であるというのがかれの主張である。わたしは社会学的には、それとは別様の解釈もできるのではないかと思っている。「無縁」とは社会学的には、コミュニティ的な秩序の外部を意味する。

その意味では近代社会は、「無縁」の原理の上に成り立っているのではないかというのがわたしの解釈である。『十三夜』の女主人公のお関と男主人公の録之助は幼なじみで、互いに好意を寄せていた。しかしいまは、それぞれが異なる境遇におかれている。お関は高級官吏の妻となったものの、離縁を願っている。録之助は放蕩生活の末に、車引きになっている。実家（上野の新坂下）に戻ったお関は、両親に諭される。そして婚家（駿河台）に帰ろうと拾った車が、たまたま録之助の車であった。かくして上野公園での、二人のしばしの道行きとなる。その際二人が、自由に語らうことができたのはなぜか。――それは上野公園が、「無縁」の空間であったからにほかならない。

さて文学社会学の試行の披瀝は、このくらいにさせていただく。「橋と扉」に代表されるジンメルの作品は、文学社会学の文脈でも大いに示唆に富む。本章ではかれの仕事を、社会学史のなかで振り返ることにしよう。

●就職問題

ゲオルク・ジンメルは一八五八年三月、プロイセンの首都ベルリンに生まれた。ちなみに同じ年の翌月には、デュルケームが生まれている。そしてまた六年後には、ウェーバーが生まれている。この偉大な社会学者たちがほぼ同時代に生まれたことは、歴史の偶然か、はたまた必然か。その穿《せん》鑿《さく》はともかくもかれらが、ほぼ同時代人であったことは紛れもない事実である。ジンメル家は富裕な家系で、ゲオルクの父はザロッティ・チョコレート（いまでもドイツで有名なチョコレート会社）の前身となる商会を設立した。ゲオルクには兄が一人、姉が五人おり、両親ともにユダヤ人であった。ジンメルがユダヤ人であったことについては、この先も触れる機会があるであろう。かれがギムナジウムの学生だった時代に、父が亡くなる。その後ジンメル家と親交のあった、有名な楽譜出版社（ペータース）の社主がゲオルクの後見者となる。その人物はやがて、ゲオルクに多額の財産を遺すことになる。

それはジンメルが、学問生活を続けていく上での重要な経済的基盤となった。ベルリン大学に進んだジンメルは、歴史学、民族心理学、哲学などを学ぶ。最終的にはかれの学位論文は、カント哲学に関するものになった（最初に提出した音楽の始原に関する論文は却下された）。しかし当初から、ジンメルは学際的な関心を有していた。要するにかれは、正統的な哲学者の範疇には収まらない人物であった。それはかれが、社会学者としても通っている以上は当然のことである。——しかしまたそれは、かれが就職問題で苦労したことの一つの原因となった。一八八五年ジンメルは、ベルリン大学哲学科の私講師となった。その後員外教授に昇進したのは、一九〇〇年のことである。それらがドイツ式の大学における正教授職への階梯にあたることは、フロイトの章で書いた。フロイトは二九歳で私講師、四五歳で員外教授、ジンメルは二七歳で私講師、四二歳で員外教授にそれぞれなった。

その限りではジンメルのほうが、少しは恵まれていたということになるかもしれない。しかし私講師の時代に、ジンメルはすでに主著『社会分化論』を刊行している。さらにまた員外教授昇進の年には、別の主著『貨幣の哲学』を刊行している。要するにかれは、若くして業績をあげ、名声を得ていたのである。これに対してフロイトが、主著『夢解釈』を刊行したのは員外教授昇進の前年であった。しかもそれは、当時学界から黙殺された。したがってフロイトと対比しても、ジンメルの不遇は際だっている。それでは教授職とは縁のなかった、コントやマルクスと比較したらどうであろうか。しかし草創期の社会学者たちの不幸比べは、このくらいにしておこう。ジンメルがなかなか教授になれなかったのは、(マルクスやフロイトと同じく)ユダヤ人であったからであるともいわれる。ウェーバーは『職業としての学問』の冒頭部分を、率直にも「どう教授になるか」という問題にあてている。

いやそう言い切ってしまうのも、あまり正確ではない。ウェーバーはそこで、結論的に次のようにいう。大学に職を求める者の生活は、「運《ハザード》」に支配される。その者がユダヤ人ならば、「すべての希望を捨てよ」といわねばならない。たとえユダヤ人でなくとも、自分よりも凡庸な連中が自分よりも順調に昇進していくのを目にしなければならない、と。要するに「どう教授になるか」という方法などない、というのがかれの主張であった。ウェーバーがそこで、とくにユダヤ人学者について述べていることには伏線がある。元々『職業としての学問』は、一九一九年にウェーバーが行った講演の記録である。一九〇八年ウェーバーは、ハイデルベルク大学哲学科の正教授にジンメルを推薦した。しかし候補者がユダヤ人という理由で、その人事は日の目を見なかった。ウェーバーが『職業としての学問』でユダヤ人学者の不遇についてとくに書いたのは、この一件に基づくものと見られなくもない。

ジンメルは一九一四年、ようやくシュトラスブルク（ストラスブール）大学哲学科の正教授になった。しかしドイツは、この年に第一次世界大戦に突入した。したがって学生の多くは戦場に赴き、受講生はわずかだったと伝えられる。シュトラスブルク赴任後もジンメルは、旺盛な著作・講演活動を続けた。主著の一冊『社会学の根本問題』は、この時期の著作である。かれはシュトラスブルク赴任中の一九一八年、六〇歳で亡くなった（その前年にはデュルケームが、二年後にはウェーバーが、それぞれ亡くなっている）。第一次世界大戦が終わったのは、ジンメルの死の直後であった。したがってかれの短い正教授在職期間は、第一次世界大戦の期間とほぼ重なっていたということになる。ウェーバー風にいえばそれも、悪い巡り合わせであったというほかはない。悪い巡り合わせをもう一つ付け加えるならば、かれの遺稿・日記・手帳などはナチス政権の下でほとんど散逸してしまったという。

●ベルリンっ子

わたしたちはここまで、ユダヤ性（ユダヤ人であること）と教授職の関係を問題にしてきた。明らかにそれは、社会学史の範疇に属する問題である。しかしそれは、（『職業としての学問』の区分に従えば）社会学の外的条件に関する問題といわねばならない。したがってわたしたちは、社会学の内的条件に関する問題にも目を配るべきであろう。というのも教授かどうかは別にして、有力な社会学者には**ユダヤ人**が少なくないからである。すなわちマルクス、フロイト、ジンメル、デュルケームなどに加えて、ポランニー、ベンヤミン、マンハイム、ギュルヴィッチ、ホルクハイマー、エリアス、ワース、マルクーゼ、シュッツ、フロム、アドルノ、ラザーズフェルド、アロン、アーレント、リースマン、ドラッカー、マートン、ガーフィンケル、ベル、グールドナー、ゴッフマン、バウマン、バーガー、ミルグラム（出生順）などの社会学者ないしは社会学周辺の学者はいずれもユダヤ人である。

ここに掲げた学者たちの経歴は、まったく千差万別である。しかしそこには、（フロイトに代表されるように）ナチスの支配下からイギリスやアメリカなどに亡命した学者が多数含まれる（第8章参照）。かれらは文字通り、政治的な亡命者ということになるであろう。しかし本来、ユダヤ人そのものが亡命者的性格をもつということもできなくはない。「亡命者」という表現が強すぎるならば、マージナル・パーソンと言い換えてもよい。なぜ有力な社会学者にユダヤ人が多いのかは、知識社会学の一つの問題である。アインシュタイン、フォン＝ノイマン、キッシンジャーなどを例に引くまでもなく、ユダヤ人が諸学で知性を発揮してきたことは周知の通りである。もっともここで、ユダヤ的知性の一般論を展開することは無用である。ここでは社会学史の枠内で、社会学とユダヤ的知性との親和性が問われるべきである。それについてマージナル・パーソンの理論に従えば、次のように推理することもできる。

一般にある社会のなかで、マージナル・パーソンであることは苦痛をともなう。しかしまたそれは、その社会の実態を客観的に分析できる位置でもある。そして社会学者の位置は、そのようなマージナル・パーソンの位置そのものである、と。このような推理が正しいかどうかは、容易には判断できない。しかしマージナル・パーソンが、ジンメルの**よそ者**（Fremde）の概念に由来することは示唆に富む。ジンメルの経歴を取り上げる際にもう一つ落とすことができないのは、都市の問題である。すなわちかれは、晩年にシュトラスブルクに赴任するまで一貫してベルリンに居住し続けた。そして**大都市**ベルリンは、かれの社会学の思想的源泉であった。いや大都市そのものが、社会学の思想的源泉であったというのが適当である。たとえばコントはパリに、マルクスとエンゲルスはベルリンやパリやブリュッセルに、フロイトはウィーンに居住することで、その思想を形成したという一面をもつ。

要するに社会学は、都市的（とりわけ都市のなかの都市としての、大都市的）知性としての性質をもっているのである。しかしジンメルの場合、そのような都市性が極度に純化されている印象を与えるのは興味深い。おそらくかれは、根っからの都市生活者であったのであろう（それはコントやマルクスやエンゲルスやフロイトが、元々地方出身者であったことと対照的である）。――かりにベルリンっ子という言葉を使うならば、ジンメルはまさにベルリンっ子であった。その際かれにとって、故郷ベルリンが一つのコミュニティであったというのではない。そのようなコミュニティなど存在しないというのが、都市生活者としてのジンメルの冷徹な認識であった。一九〇三年に発表された「大都市と精神生活」には、かれの都市社会学のエッセンスが凝縮されている。その論文でジンメルは、大都市生活者の精神生活が主知主義（情意よりも悟性を重んじる）と貨幣経済によって規定されているとする。

そしてかれは、大都市での人間関係が非人間的な関係である

『ベルリン・天使の詩』では中年の天使たちが，旧西ベルリンの戦勝記念塔（Sigessäule）上で羽を休める．写真は2008年7月24日，その下で街頭演説を行う当時のオバマ米上院議員＝民主党大統領候補（写真・AFP＝時事）．

と指摘する。そこでは人々が、（身体的には密着しているものの）精神的には疎遠であるといわれる。つまりはそこでは、全員が相互によそ者であるというのである。ヴィム・ヴェンダースが監督した『ベルリン・天使の詩《うた》』（原題『ベルリンの空』）では、さまざまなベルリン市民の生態が描き出される。その生態は一世紀ほども前の、ジンメルの論文の内容とそう隔たってもいない。そこに登場する天使たちは、人々の心の声に耳を傾け、その生の姿を書き留めることを仕事としている（天使たちが図書館を愛好しているらしいのも、しごく当然である）。面白いのは天使たちの存在が、ほとんどの人々には感知できないことである。要するに天使たちは、完全な傍観者にすぎない。わたしたちはそこから、社会学者の仕事を連想しないではいられない。いったい天使たち＝社会学者の仕事は、人々にとって何の役に立つのであろうか。

●相互作用

ジンメルはベルリンっ子であったとともに、そのような天使たちの一人であった。さてさきにも書くように、ジンメルは社会学者の枠内には収まらない人物である。しかしここでは、その枠内にひとまず押し込めるほかはない。標準的な社会学史の教科書にはかれについて、大略次のように記されているはずである。社会学の第一世代に属するコントは、百科全書的な社会学を構想した。すなわちコントにとって、社会学は社会現象の総体を対象とする学問であった（コントは社会学を、数学・天文学・物理学・化学・生物学に次ぐ学問と位置づけた）。これに対してジンメルは、（ウェーバーやデュルケームとともに）第二世代に属する。かれは百科全書的な社会学に対して、個別科学としての社会学を提起した。――すなわち社会は、人々の相互作用によって形成されている。そのような社会の形成（「社会化」といわれる）の過程を対象とする学問として、ジンメルは社会学を再規定した、と。

要するにコントの綜合社会学に対して、ジンメルは形式社会学を創唱したというのである。わたしはここで、そのような記述に異議を申し立てるつもりはさらさらない。ただそれは、いかにも通り一遍の議論であるという印象をもつだけである。ジンメルが生まれたのは、コントが亡くなった翌年である。したがって両者が、直接的に論争したということはない。しかし両者の「論争」は、社会学の存在理由に関わるものである。社会学の定義がそれ自体困難な課題であることについては、さきに書いた（はじめに）。本書ではとりあえず、社会学を「社会を対象に固有の研究を行う学問」と定義した。この定義がほとんど無内容であることは、定義者自身がよく承知している。しかしわたしが、そう定義せざるをえなかったのはなぜか。それは端的にいえば、コントやマルクスやフロイトをも本書で扱いたかったからである。かりにかれらを排除した社会学史があるとすれば、さぞ味気ないものであろうと思う。

のみならずかれらが、固有の社会理論を提起しなかったわけではない。しかし個別科学としての社会学が成立したのは、まさしくジンメルやデュルケームやウェーバーの登場以降である。今日社会学的な知識は、総じて大学において伝授されている。つまりは社会学者の大半は、大学の教師

（その予備軍も含めて）である。そしてまた社会学徒の多くは、大学の学生である。もちろん学生以外の人々が、社会学書に親しむということもないではない。ひょっとしたら本書の読者各位のなかにも、そのような方々がおられるかもしれない。しかし申し上げなければならないのは、普通の社会学者が社会学書の執筆などだけで生活することは不可能に近いということである。つまりは今日、社会学者の大半は大学を生活基盤としている。ここにウェーバーが提起した、「どう教授になるか」という問題が発生する。ウェーバーは大学の教員が、自身の就職の事情を話したがらない傾向があるといっている。

たいていはそれが、不愉快な思い出だからというのである。わたしは本書で、私事にわたる事項も結構書き連ねている。しかしこと就職に関することだけは、何とも書きにくい思いがある。率直にいってそう愉快でないことが、多々あるからである。マルクス風にいえば社会学の土台に関する話は、これくらいにしておこう。一九世紀の末ごろから大学に、「社会学」を冠する科目、講座、専攻、学科、学部などが開設されていく。あるいはまた大学の外部でも、著作が刊行されたり、学会が結成されたりしていく（そのような運動は二一世紀初頭の今日でも、依然として継続中である）。要するにそれは、社会学の土台の成立である。社会学史上重要なのは、それが社会学の上部構造の変化と連動していることである。「上部構造」という言葉が大仰《おおぎょう》にすぎるならば、「内容」と言い換えてもよい。ジンメルが個別科学としての社会学を提起したのは、そのような歴史のなかでの出来事であった。

『社会分化論』でジンメルはこういう。社会学は新興科学であったために、理論の整備が後手に回ったという一面がある。しかしいまや、社会学も理論の構築に着手すべきときである、と。かれはそこで、社会学を「二乗の科学」と呼ぶ。社会学は他の科学の所産（生の素材を加工したもの）を、新たに素材とするというのである。それでは社会学は、この新たな素材をどう加工するのか。その際社会学に求められるのが、固有の理論である。ジンメルが形式社会学を提起したのは、そのような文脈においてであった。さきにも書くようにそこでは、社会は人々の**相互作用**の産物と理解される。社会学史上それは、一つの理論的突破としての意味をもつ。従来社会学の周辺では、①社会は実在しない（個人が実在する）という社会名目論と②社会は実在するという社会実在論が対立してきた。ジンメルは関係概念（実体概念と区別される）を導入することで、この論争に一つの決着をつけたのである。

●交換的動物

もし社会が人々の相互作用の産物であるならば、社会は実在するかどうかという問いは無用のものとなる。同様にジンメルは、個人もまた人々の相互作用の産物であるとする（かれは個人を、「無数の社会的な糸の交点」と呼ぶ）。今日の社会学は基本的には、このジンメルの路線の延長線上にある（もっとも社会名目論と社会実在論の対立は、別のかたちで始終繰り返されている）。その意味ではジンメルは、社会学の実質的な創設者としての地位を得ている。『社会分化論』でジンメルが問題にしたのは、近代社会における社会分化の傾向である。かれはそれを、コミュニティ（つまりは中間的権力）の解体の過程として理解している。そして**社会の広域化と人間の個別化**が同時並行的に進行する状況を、近代化として理解している。すなわち個別化した人々が、広範囲でコミュニケーションし合うというのがジンメルの基本的な社会観である。明らかにそれは、都市を一つのモデルとしている。

　そしてまたそこには、かれのユダヤ性が反映しているであろう。わたしたちはジンメルが生きた時代から、ほぼ一世紀後の時代を生きている。そういうわたしたちの目に、ジンメルの社会観はどう映るであろうか。一面ではそれは、近代社会に関する平板なイメージを提供するものにすぎない。というのもここ一世紀近くも、そのような社会観は繰り返し提示されてきたのであるから。その言い出しっぺであるジンメルに、わたしたちは相応の評価をすればよいのであろう。かれは近代性《モダニティ》に関する、すぐれて標準的な理論を提示した、と。おそらくそれが、ジンメルに関する一般的な評価なのであろうと思う。しかしはたして、そのような評価で十分であろうか。わたしはここで、それとは少しずれる評価を試みたいと思う。今日の社会学では社会の広域化と人間の個別化が、再度アクチュアルな主題となっている。いうまでもなくそれは、二〇世紀末以降のグローバリゼーションを背景としている。

　すなわちわたしたちは、新自由主義イデオロギーが「画一思考《パンセ・ユニーク》」と化している時代を生きている。そこで基本原理となっているのは、経済（の政治に対する）優位、市場原理、競争原理、自由貿易、規制緩和などである。それはまた世界のいたるところでコミュニティが解体し、世界的な「民族大移動第二段」が進行中の時代である。そういうわたしたちの目に、ジンメルの社会観は新鮮に映らなくもない。グローバリゼーション下の社会に関する鋭敏な理論家であるバウマンは、ジンメルから最も多くを学んだという趣旨のことをいっている(『アイデンティティ』)。おそらくそれは、ジンメルの固有の現代性を示すものであろう。それでは別の主著『貨幣の哲学』の、主題とするところは何か。この難解な書物の内容をここで、的確に要約することは容易ではない。たとえばジンメルは、「事物に価値を付与するのは何か」を問う。さきにもいうようにマルクスは、それを「労働」ととらえた。

これに対してジンメルは、それを「犠牲」ととらえる。つまりは何かを獲得するには、何かを犠牲にしなければならないというのである。時代はすでに、労働価値説から効用価値説への移行期にあたっていた(効用価値説の場合さきの問いへの答えは、「欲望」ということになろう)。そのなかでジンメルの立場は、いかにも中途半端に映る。もっとも『貨幣の哲学』の全編を貫く主題は、比較的明瞭である。というのもそれは、『社会分化論』の延長線上にあるからである。『社会分化論』でジンメルが、近代社会における社会分化の傾向を問題にしたことはさきに書いた。それを受けてかれは、そのような「社会分化を可能にしたのは何か」を問う。ジンメルはそれを、「貨幣」ととらえる(マルクスであればそれを、「資本」ととらえるであろう)。そのような関心から生まれたのが、『貨幣の哲学』である。――ジンメルはそこで、人間を「交換的動物」ならびに「客観的動物」と規定する。

他者と事物を交換しうるのが、人間の特徴である。それは人間が、事物の価値を客観的に評価しうるからであるというのがそこでのかれの主張である。その際客観的な価値の指標となるのが、**貨幣**である。『貨幣の哲学』でジンメルは、人々が貨幣を媒介にして自由に相互作用する状況を描く。それは近代社会に関する、より具体的なかれのイメージを示している。マルクスもまた人々が自由に相互作用する状況として、近代社会をとらえた。しかしそれが、階級的な矛盾を孕むというのがかれの認識であった。これに対してジンメルは、終始一貫個人の自由を尊重する立場をとっている。すなわちかれは、貨幣を媒介とする人々の疎遠な（非人格的な）関係について語る。しかしそこに、各人の内的な（人格的な）自由の基盤があるというのである。したがってかれは、社会主義の理想についても大いに懐疑的である。それは合理主義の産物であるとともに、それへの反動であるとジンメルはいう。

●橋と扉

一九〇八年に刊行された『社会学』は、草創期の社会学の概説書としての実質をもっている。副題でそれは、「社会化」の形式を主題とすることが示される。ここで「**社会化**（Vergesellschaftung)」というジンメルの用語について、若干の補足をしておこう。「社会化」と訳される社会学用語は、大きく分けて二つある。一つは英語の socialization、ドイツ語の Sozialisierung の訳語で、子どもの「社会化」、介護の「社会化」などがこれにあたる（前者は子どもが社会に適合的な行動パターンを発達させる過程、後者は社会的な介護サーヴィスが提供される状況を、それぞれさす）。これに対してジンメルの「社会化」（英語ではsociation）は、かれの独自の用語である。人々の相互作用によって社会が形成される過程が、そこでいう「社会化」である（本来ならばそれは、「社会形成」などと改訳されるのがよいのであろうと思う）。そこでいう社会は、けっして大集団には限られない。

つまりは小集団（さらにいえば一対一の人間関係）も、それに含まれる。それはジンメルが切り開いた、一つの社会学的地平といってよい。『社会学』でジンメルは、次のような「社会化」の形式をとりあげた。結合と分離、上位と下位、闘争と融和、親密と疎遠、交換と贈与など。これらの二元対立的な概念は以後の社会学のなかで、順次彫琢されていくことになる。それは偉大な社会学者としての、かれの業績を明確に示している。と同時にジンメルの本領は、より具体的な素材の分析において存分に発揮されている。すなわち多数決、装身具、文通、境界づけ、よそ者など。ジンメルはそれらを、いずれも人々の相互作用の過程として分析する。たとえば装身具は、秘密との関連で問題にされる。一般に秘密は、何かを他者に隠蔽することをいう。しかし隠蔽することで、かえって他者の注目をひくという矛盾をそれは孕む（その限りでは秘密は、一種の装身具としての機能を果たしている）。

これに対して装身具は、本来他者への優越性を示すためのものである。しかしまたそれは、一個の矛盾を孕んでいる。というのもそれは、他者による羨望に依存しているからであるというのがそこでの分析である。――相前後してジンメルは、額縁、取っ手、俳優、橋と扉、食事などをめぐる同様の考察を行っている。そこでは日常的な事象が、すこぶる微細な社会学的分析の対象となっている。広大な活動範囲を誇る社会学は、今日「雑学的」とも揶揄《やゆ》される。そのような社会学的地平を切り開いたのも、ジンメルであったといえなくもない。ここでは一例として、「橋と扉」（一九〇九年）を取り上げることにしよう。そこでは橋と扉が、形式社会学の主要な対概念によって見事に分析されている。その対概念とは積極的／消極的あるいは肯定的／否定的な相互作用としての、**結合／分離**である。冒頭ジンメルは、こういう。人間だけが事物を結び付けたり、切り離したりすることができる、と。

さらにまた結合と分離は、一方がつねに他方の前提をなすという特性をもつ、と。人間が両岸の間に、橋を架けようとするのはなぜか。それは両岸が、「分離されている」とイメージすることができるからである。その意味では橋は、実用的目的をもつだけでなく、審美的価値をももつ。というのもそれは、（分離されたものの結合という）一つの景観をかたちづくっているからである。それでは橋に対して、扉はいかなる様相をもつか。橋は結合と分離のうち、前者に重点をおいている。これに対して扉は、両者が同じ行為の両面であることを示している。人間は扉を開けることで、建物の内部と外部を結合する。しかしまたそれを閉めることで、内部と外部を分離するのである。結論的にジンメルが、そこでいわんとすることは何か。それは人間にとって、境界が重要な意味をもつということである。わたしはそこから、本章の冒頭で触れた鷗外や一葉の小説のことを思い出さずにはいられない。

というのもそれらは、境界的空間で演じられたドラマであるからである。さて最後に、晩年の作品『社会学の根本問題』を取り上げることにしよう。わずかにそれは、四つの章から構成されているにすぎない。しかしそこには、ジンメル社会学のエッセンスが簡明に示されている。たとえば第三章の「社交」では、「社会（Gesellschaft）」と「社交（Geselligkeit）」が区別される。一般に社会は、人々の相互作用の形式と内容から構成されている。その際相互作用の形式が、内容から独立して、それ自身の権利において活動する場合がある。芸術や遊びに加えて、社交がそうである、とジンメルはいう。要するに社交は、かれのいう「社会化」の過程を社会生活のリアリティから切り離したものということになる。それは純粋な形式であり、人々の自由な相互作用に基づく関係である、とジンメルはいう。このような社会観は今日でも、若い社会学徒たちを魅了する力を保ち続けているのであろう。

社交において決定的な意味をもつのは、愛嬌、教養、友情などであるとジンメルはいう。逆にいえばそこでは、財力、地位、学識、名声、功績などをひけらかしてはならない。あるいはまた生活、性格、気分など、個人的な事柄を社交の世界に持ち込むことも許されない。要するに社交においては、純粋に人間的な能力、魅力、関心などが求められる。ジンメルはそれを、社会的な芸術であり、遊びであるという。そしてそれが、人生の重圧からの解放に役立つ、と。このような議論をかれが展開したのは、二〇世紀の前半であった。二〇世紀が戦争と革命の世紀であったことを思えば、それは多少浅薄な議論に聞こえなくもない。しかし二一世紀の今日、人間社会の繊細な観察者としてのジンメルの声価はますます高まっている。——ジンメルの近代化論が社会分化論であったのに対して、デュルケームのそれは社会分業論であった。わたしたちは次に、デュルケームを取り上げることにしよう。

6章 社会の伝道師

デュルケーム

わたしたちの感性は社会的な制約のない限り、苦悩の源泉でしかない。

――デュルケーム

●冤罪の構造

R・コリンズは『社会学的洞察力』（邦題『脱常識の社会学』）のなかで、かれのいう「社会学的洞察力」を遺憾なく発揮している。たとえばかれは、契約についてこういう。一般に契約は、暗黙裏のもう一つの契約によって支えられている。すなわちそれは、「契約を守る」という契約である、と。人々は合理的な計算に基づいて、他者と契約を結ぶ。しかしそれは、非合理的な信頼に支えられているというのがかれの主張である。コリンズはそれを、社会の存立の条件ととらえている。あるいはまたかれは、犯罪についてこういう。常識的には犯罪は、社会の安定を阻害するものと理解されている。しかしそれは、かえって社会の安定に寄与している、と。いったん犯罪が起こると、犯人を探し、捕らえ、罰するための種々の活動が展開される。この一連の過程（コリンズはそれを、宗教的な儀礼に喩えている）は、人々の規範意識あるいは秩序意識の強化に大いに役立っているというのである。

そこからコリンズは、「社会は犯罪を必要としている」とまでいう。ここでわたしも、わたしなりの「社会学的洞察力」を発揮したいと思う。社会が犯罪を必要とするという場合に、社会の究極の目標は何か。もちろんそれは、犯人の処罰である。そのことをもって犯罪発生後の、一連の過程に終止符が打たれるからである。この場合処罰される犯人は、必ずしも真犯人でなくともよい。そこからしばしば生じるのが、冤罪《えんざい》の問題である。いま一つ注意を要するのは、報道の問題である。

もし社会が犯罪を必要としているとしても、犯罪そのものが人々に知られていなければ無意味であろう。一般にわたしたちの身近で、犯罪が起こることはまれである。にもかかわらずわたしたちが、種々の犯罪について知っているのはなぜか。それは犯罪が、メディアを通じて日々報道されるからである。その意味ではわたしたちは、こう極言することもできる。もし報道がなければ、犯罪などないに等しい、と。

一八九四年にフランスで起こった**ドレフュス事件**は、①犯罪が冤罪に結びつきやすいこと、②それを助長するのが報道であることを如実に示している。この事件のきっかけとなったのは、一通の手紙である。この年九月駐仏ドイツ大使館駐在武官の執務室の屑籠《くずかご》から、清掃婦が一通の手紙を盗み出した。その手紙は機密情報の提供に関するもので、フランス陸軍参謀本部の将校の筆跡と推定されるものであった。当時独仏両国は、互いにスパイ合戦を繰り広げていた（実際件《くだん》の手紙を盗み出した清掃婦も、フランス側が送り込んだスパイであった）。それはドレフュス事件を生み出した、一つの社会的背景である。手紙を入手したフランス陸軍は、スパイの内偵に着手した。そして証拠不十分のままに、陸軍大尉アルフレッド・ドレフュスを逮捕した。なぜドレフュス大尉が、スパイとして逮捕されたのか。まずもってそれは、かれが（嫌疑をかけられた将校のなかで）ユダヤ人であったからである。

よくいわれるように（第二帝政ならびにパリ＝コミューン後の）第三共和政下のフランスは、恒常的な不安定性に苦しんでいた（ドレフュス事件の数年前にも対独復讐を訴える、ブーランジェ将軍によるクーデタ未遂事件が起こっている)。そのなかで大きな影響力をもちつつあった思潮が、**反ユダヤ主義**である。もちろん反ユダヤ主義自体は、古典的な思潮である。しかし当時のそれは、メディアを通じてかつてなく増幅され、強化されていた。それはドレフュス事件を生み出した、いま一つの社会的背景といってよい。集団Aと集団Bが対立関係にあるとき、AやBのなかのマージナル・パーソンが差別されたり、排除されたりするのはよくあることである。ドレフュス事件も社会学的には、そのような構造のなかで起こっている。——おそらくそれは、冤罪の構造といってもよいのであろう。ドレフュスは同年一二月、軍法会議で終身禁固刑に処せられ、南米ギアナの悪魔島の監獄に送られた。

これをもって事件には、一応の決着がついた。しかしそれは、けっして最終的な決着ではなかった。この間右派を中心に、反ユダヤ=反ドレフュスの世論が高まった。他方左派を中心に、ドレフュスは無実であるとして、その再審を求める世論も生まれた。かくして事件は、ドレフュス派と反ドレフュス派の言論戦の様相を呈するようになった。最終的に破毀院《はき》(最高裁判所)がドレフュスに無罪を言い渡したのは、一九〇六年のことである。しかしここでは、この間の経過を報告することは控えよう。犯罪あるいは冤罪が報道ないしは言論と密接に関わるということが、ここでの元々の関心事であったからである。さてドレフュス事件の歴史をたどっていると、デュルケームの名にも出会う。一八九八年に作家ゾラが「わたしは告発する!」を発表して以降、知識人の間でドレフュス擁護の運動が広がった。その運動の一翼を担ってデュルケームは、ボルドーで組織的な活動に従事していたらしい。

●アカデミシャン

エミール・デュルケームは一八五八年、フランスの東部国境に近いエピナルという谷間《たにあい》の町に生まれた。かれの家系は代々、ユダヤ教のラビ（律法学者）であった。ラビの父がエピナルに赴任し、同じくユダヤ系の商人の娘と結婚した。二人の間に生まれた五人きょうだいの末っ子が、エミールであった。社会学史としてはエミールの兄姉のうち、長姉のロジーヌに触れなければならない。かの女はモース家に嫁ぎ、息子マルセルをもうける。この甥っ子がのちに、民族学者・社会学者にして、デュルケームの協力者・後継者となるマルセル・モースである。デュルケームは最初、家庭や学校（ラビの学校）でユダヤ人式の教育を受ける。トーラー（律法）を暗唱したり、タルムード（律法学者の口伝や注釈）を学習したりといったことが、それである。その後かれは、地元のコレージュ（公私立の中等学校、リセは官立）に入る。それはかれの、ユダヤ人コミュニティからの離脱の第一歩であった。

この時期デュルケームが経験した大きな出来事は、一八七〇年の普仏戦争である。この戦争に敗れたフランスは、第三共和政に移行する。少年デュルケームは地方都市において、それをどのように経験したのか。かれの住んでいたエピナルは、アルザス＝ロレーヌ地方に属していた。開戦後間もなく、そこはドイツ（プロイセン）軍の占領下におかれた。一八七一年の独仏講和の際アルザス

＝ロレーヌ地方の大半は、ドイツに割譲された。エピナルはフランス領にとどまったものの、国境の町になった。この間フランスとりわけ東部フランスでは、国家主義あるいは軍国主義が高揚した。もちろんそれは、対独復讐を一つの旗印とするものであった。と同時に高揚したのが、反ユダヤ主義であった。「フランスが敗れたのはユダヤ人のせいだ」といった暴論が、当時のフランスではまかり通ったという。それは二〇年ほどのちにドレフュス事件を生み出したのと、ほぼ同一の思想的風土といってよい。

このときの経験はデュルケームが、ドレフュス擁護の運動に参加することとけっして無関係ではないのであろう。デュルケームはコレージュで、すこぶる成績優秀であった。早々とバカロレア（大学入学資格試験）に合格し、一八七六年エコール・ノルマル・シュペリュール（高等師範学校）受験のために上京した。**エコール・ノルマル**はエコール・ポリテクニークと並ぶ、フランスのグランゼコール（高等教育機関）の一つである。フランス革命期に教員の養成を目的に設立され、以来著名な哲学者や数学者を輩出してきた。その出身者にはレヴィ＝ブリュール、デュルケーム、サルトル、アロン、メルロー＝ポンティ、ド＝ボーヴォワール、シモーヌ・ヴェイユ、カイヨワ、アルチュセール、トゥレーヌ、フーコー、ブルデュー、デリダ（入学順）などの、社会学者ならびに社会学周辺の学者も含まれる。この学校はエコール・ポリテクニークと並ぶ、名門校＝難関校としてもつとに有名である。

デュルケームもまたそこに入るのに、大変苦労した。かれは三度の受験失敗を経て、一八七九年ようやくそこに入学した。エコール・ノルマルでのデュルケームの生活については、とりたててここで述べるべきことはない。かれは熱心に勉学し、晴れて哲学の教授資格を得た。と書いても優等生みたいで、まるで面白くない。このころかれが、ユダヤ教の信仰を捨てたことに注目する見解もある（それはエコール・ポリテクニーク入学のころに、コントがカトリックの信仰を捨てたことと重なるであろう）。もっともそれは、コレージュ進学時にすでに予定されていたことであろう。あるいはまたかれのエコール・ノルマルでの勉学と、以後の社会学研究を何とか結びつけようとする議論もある。しかしデュルケームが、この時期に社会学をそう意識していたとは認められない。要するにかれは、平々凡々たる学生生活を送っていたにすぎない。しかしわたしには、それが多少新鮮に映らなくもない。

それなりに苦労して大学に入り、入学後は勉学に打ち込む、というのは今日の大半の社会学者に共通する経歴であろう（もっとも社会学徒全般にまで押し広げると、そうではないかもしれない）。ブレヒトの『ガリレイの生涯』には次のような問答がある。宗教裁判所で地動説を撤回したガリレイに、弟子がこういう。「英雄のいない国は不幸だ！」。それに対してガリレイはこういう。「違うぞ、英雄を必要とする国が不幸なのだ」と。たとえばコントの学生生活と比べると、デュルケームのそれはすこぶる平凡である。――しかしそれは、デュルケームが通常のアカデミシャンの経歴を歩んでいたことの裏返しである。わたしたちはまずもって、そのことを確認すべきなのであろう。エコール・ノルマル卒業後のかれの経歴もコントなどと比べると、いたって平凡である。デュルケームは哲学教師として、三つの地方のリセを渡り歩く。そして研究休暇を得て、パリ（国内）とドイツに留学する。

●デュルケーム学派

この間デュルケームは、かれの学問的方向を見定めていく。当時のフランスにはまだ、「社会学」を冠する講座や雑誌は存在していなかった（コントが「社会学」を創唱してから、半世紀近くも経っていたのに）。その意味ではかれの「社会学」（デュルケーム自身は最初、「社会科学（science sociale）」という言葉を使っている）の構想は、「社会学」の創設と同等の意味をもっている。

一八八七年デュルケームは、ボルドー大学に新設された「社会科学」の講師となる。実質的にこれが、フランスの大学で最初の社会学の講座といわれている。世界で最初の社会学の講義はいつ、どこで、だれが行ったか、という問いはあまりにも些末《トリヴィアル》である。しかし社会学史の範疇では、それに答えることも一興であろう。一八七二年サムナーは、イェール大学に新設された「社会科学」の教授となった。そして一八七五年から、（スペンサーの『社会学研究』を教科書として）「社会学」を講じたと伝えられる。

おそらくこれが、「世界で最初の」ということなのであろうと思う。いずれにしてもデュルケームのボルドー大学着任は、社会学の画期的な出来事にあたる。以後かれは、『社会分業論』（九三年）、『社会学的方法の規準』（九五年）、『自殺論』（九七年）を次々に刊行する。それらは草創期において、社会学の一つの方向を決定づけた著作群である。と同時にかれが、社会学の雑誌を刊行したことが特筆される。一八九八年にかれの編集で創刊された、『社会学年報』がそれである。フランスにおける社会学の雑誌としては、一八九三年に創刊された『国際社会学評論』が最初である（世界最初の社会学の雑誌ともいわれる）。こちらの雑誌にはどちらかといえば、デュルケームと立場を異にする学者たちが寄稿していた。デュルケームと論争したG・タルドは、その一人である。デュルケームは元々、哲学の雑誌に寄稿していた。しかしついに、「自前のメディア」を手に入れたわけである。

学界はそれ自体、一つの社会である。いったん一つの学問が生まれれば、学派《スクール》が生まれる。学派は覇権《ヘゲモニー》争いとしての、論争を展開する。その際雑誌は、一つの重要なメディアとなる。『創世記』の伝えるところでは人間同士の争いは、人間の歴史と同じくらい古い（アダムとイヴの息子であるカインとアベルが、早くも殺し合っている）。――デュルケームによる社会学の創設がデュルケーム学派を生み出したのは、それと相通じるところがある。論争つながりでドレフュス事件への関わりについて、ここで述べるのもよいであろう。さきにも書くようにゾラの告発を受けて、ドレフュス擁護の運動が広がったのは一八九八年のことである。この時期デュルケームは、すでに教授に昇格し、『自殺論』も刊行していた。すなわちもはや、押しも押されもせぬ社会学者になっていた。当時ドレフュス派の団体として、人権同盟が（これに対して反ドレフュス派の団体として、祖国同盟が）有力であった。

デュルケームは人権同盟のボルドー支部の責任者として、集会を開いたり、署名を集めたりしていたとのことである。反ユダヤ主義についてデュルケームは、当時こう述べている。社会的な不安や道徳的な混乱のなかで世論は、悪の根源を見いだす必要があった。その罪を負わされたのが、賤民《パーリア》としてのユダヤ人であった、と。一九〇二年デュルケームは、ソルボンヌ（パリ）大学の講師になる（一九〇六年教授昇格）。それは「社会学」ではなく、「教育学」の講座であった（ソルボンヌ大学に「社会学」の講座が新設され、デュルケームが担当するのは、一九一三年のことである）。しかしそれが、学者としての栄達を示すものにかわりはなかった。たとえば同い年で、同じユダヤ人で、同じ社会学の創設者である、ジンメルはどうであったか。一九〇二年の時点でジンメルは、ベルリン大学の員外教授にとどまっていた。ウェーバーにならってそれを、「運《ハザード》」の違いと見るべきなのであろうか。

ともあれデュルケームは、時代の子であった。かれは同時代の社会の問題に、真正面から立ち向かっていった。その問題とはまさに、社会的な不安や道徳的な混乱をどう理解し、それにどう対処していくかということであった。たとえばアノミーの概念が、そこから生まれた。それが今日の社会学でも、日常的に使われる用語であるのは驚くべきことである。それはたんに、デュルケームの先見の明を物語っているだけではあるまい。一世紀ほども前の社会と今日の社会の間に何か共通項のあることが、その背景にあるのであろうと思う。ここではそれを、恒常的な不安定性という言葉で表現したい。そのような本質的な問題を提起したことに、社会学の創設者としてのデュルケームの偉大さがあるというべきであろう。かれの理論を社会学史のなかに位置づける前に、伝記的記述を締め括《くく》ろう。デュルケームは長男を第一次世界大戦で亡くした二年後の、一九一七年に五九歳で亡くなっている。

●アノミー的分業

デュルケームの社会学理論を概観したい者は、まずもって『社会分業論』を繙《ひもと》かねばならない。というのもそこには、かれの社会学理論の要諦《ようてい》が示されているからである。その劈頭《へきとう》デュルケームは、そこでの主題が「道徳の科学」を構築することにあるという。かれはそこで、二つの理論的立場に対抗しようとする。一つにはそれは、カント流の倫理学である。すなわち一般的な道徳原理に基づいて、道徳について論ずる(個別的な行為の道徳性を問題にする)ことをデュルケームは忌避する。それではかれは、何に立脚しようとするのか。デュルケームが説くにはそれは、人々の関係のなかに現実に存在する秩序である。そして人々の道徳的結合としてデュルケームが注目するものこそが、**分業**である。そこでは分業の科学的考察に最初に着手した人物として、アダム・スミスの名があげられる。しかしスミス流の経済学もまた、デュルケームがそこで対抗しようとする理論的立場にほかならない。

デュルケームは分業を、経済的分業ではなく**社会的分業**としてとらえる。かれはこう説く。個人の利益や効用の追求から道徳原理を導き出すことはできない、と。つまりは経済の上に社会があるのではなく、社会の上に経済がある、というのがそこでのデュルケームの基本的立場である。いずれにしても現実の人間的結合から出発しようとするデュルケームの立場は、すぐれて社会学的なものである。その意味で『社会分業論』は、社会学の創成を告知する一つの記念碑的著作である。デュルケームは今日、分業が社会の各方面で高度に進行中であるとする。かれはそれを、社会的諸機能の専門分化とも呼ぶ。たとえば一昔前には、一人の学者が複数の学問領域をカヴァーするということもありえた。しかし今日の学者は、一つの領域の一つの問題群を扱うにすぎないとデュルケームはいう。社会の専門分化の傾向を指摘することではそれは、さきに取り上げたジンメルの主張とも相通じるものである。

実際『社会分業論』の第二版（一九〇二年）の脚注で、デュルケームはジンメルの『社会分化論』（一八九〇年）に言及している。デュルケームはそこでこういう。ジンメルは社会分化の問題を扱っているにしても、分業の問題を扱ってはいない、と。わたしたちはそこに、デュルケームの分業概念の固有の様相を見て取ることができる。かれは分業が、社会解体の源泉となることを認めている。元々そこから、かれの社会学の中心概念である**アノミー**（無規制状態）の概念が生まれた。つまりは分業が進展して、社会解体の傾向が生じるというのが本来のアノミーである。もっともデュルケームは、それを分業の一つの異常形態としてとらえている。逆にいえば分業は、正常形態としては人々の連帯をもたらすというのがデュルケームの主張である。一面ではそれは、事実判断の問題である。『社会分業論』でデュルケームが、**機械的連帯から有機的連帯へ**という図式を提示したことは有名である。

それはまさに、分業の進展が連帯の強化につながることの論証として展開されている。しかしそれは、一つの価値判断の問題と見られなくもない。というのもデュルケームは、分業の進展が社会の解体にもつながるというからである。そこから読者が、素朴に受ける印象はいかなるものか。それは何としても、社会的な連帯を維持しなければならないという著者の強固な意志である。その意味では『社会分業論』そのものが、一つの実践的関心をもつ書物といわねばならない。たとえば機械的連帯から有機的連帯へという図式も、そのような文脈のなかで理解されるべきであろう。それは社会学の草創期に種々提起された、社会の二元的な発展図式の代表例である。もっとも社会学史としては、それについてもう一歩踏み込んだ解釈があってよい。まず機械的連帯は、未開社会をモデルに提起されている。そこでは社会のメンバーが、無機物のように（個性的な活動もなく）結合しているにすぎない。

別の表現ではそこでは、集合意識が個人意識に優越するといわれる。これに対して有機的連帯は、近代社会をモデルに提起されている。それは固有の意味で、分業に基づく社会である。そこでは社会のメンバーが、有機物のように（個性的な活動を通じて）結合している。そこでは機械的連帯の場合とは逆に、個人意識が集合意識に優越するといわれる。ある意味では有機的連帯は、デュルケームの理想的な社会像である。本来『社会分業論』は、道徳の実証科学的研究を目的としていた。その意味では有機的連帯は、現実の道徳的結合であるべきものであった。しかしそれが、一つの理念であるということに『社会分業論』の固有の様相はある。わたしたちはここで、一つの疑問に導かれる。――それは「分業の異常形態」としての**アノミー的分業**こそが、「分業の正常形態」ではないかという疑問である。実際『社会分業論』の第二版序文で、デュルケーム自身がそれに類することを書いている。

●社会的事実

そのような現実を克服するためにデュルケームは、そこで同業組合の結成などを提唱している。しかしここでは、そのことに格別関心はない。わたしはここで、不遜《ふそん》にもこういいたいのである。つまりもしアノミー的分業に関する記述がなければ、『社会分業論』はさぞ退屈な書物であろう。わたしたちは次いで、はアノミーの概念こそが、デュルケーム社会学の一つの生命線である、と。わたしたちは次いで、『社会学的方法の規準』(以下、『規準』と略記)を取り上げることにしよう。その序文でデュルケームは、常識から自由であることに社会学の存在理由をおく。それはコリンズのいう、「社会学的洞察力」の一つの表明にあたる。というよりもコリンズの主張は、(コリンズ自身も認めるように)デュルケームの主張を敷衍《パラフレーズ》したものにすぎない。たとえば「社会は犯罪を必要としている」という逆説は、元々『規準』で提示されたものである。『規準』は表題にも示されるように、一つの方法論的著作である。

社会学が学問的に自立することは、社会学が方法的に確立することと同義である。その意味では

『社会分業論』に続いて、『規準』が刊行されたことは一つの必然である。『規準』でデュルケームが行った最大の貢献は、「社会」という概念の定式化であろうと思う。まさしくそれは、社会学の本質に関わる問題といってよい。それをめぐってデュルケームは、「**社会は物**（chose）**である**」という有名な命題を提示した。デュルケームはまず、社会の（個人に対する）外在性ならびに拘束性を指摘する。かれはこういう。わたしが何らかの義務を果たすとき、わたしは法や慣習に基づいてそうしている。それらの規範は元々、わたしの外部にあるものである（わたしの生まれる前からあるものである）。わたしは（出生後）教育を通じて、それらを受け入れたにすぎない、と。あるいはまたデュルケームはこうもいう。規範は（個人に対して）外在的であるにとどまらず、一定の強制力を有している。

わたしが規範に同調している限りは、規範の強制力はそう明らかではない。しかしひとたび抵抗しようとするならば、その強制力が明らかになる、と。犯罪者に一定の法的制裁が加えられるというのは、その典型例である。——このように個人に対して外在的で、一定の強制力を有する集団的な規範、信念、慣行などを、デュルケームは**社会的事実**（faits sociaux）と呼ぶ。デュルケームはそれを、**集合表象**ともいう。というのも社会的事実は、人間の集団的な観念の産物であるからである。それをかれは、「物」に喩える。より正確にはそれを、「物」のように取り扱わなければならないと説く。たしかに社会的事実は、物理的な物ではない。しかしそれは、一つの客観的な研究対象たるべきであるというのである。かくしてデュルケームは、社会的事実を客観的な研究対象とする学問として社会学を提起した。デュルケームの「社会」概念には社会学史上、もう一つ重要な理論的突破の内実がある。

それは「社会はいかにして可能か」、という社会学的な問いに関わるものである。『規準』でデュルケームは、こういう。たしかに社会は、個人によってかたちづくられている。しかし社会的現象を、個人的要素に還元することはできない。つまりは全体＝社会は、部分＝個人の総和とは異なるものである、と。それでは社会的現象の源泉たりうるものは、いったい何か。それは**結合**（association）である、とデュルケームは説く。結合によって社会は、個人の総和とは異なるものになるというのである。『社会分業論』でデュルケームは、人々の道徳的結合としての分業を問題にした。『規準』での議論はそれを、方法論的に概括したものといえよう。のみならず社会学史の文脈では、こうもいえよう。社会が個人の総和を超えた何物かである（あえていえば個人の結合によって形成された、一つのシステムである）というデュルケームの公式は、文字通り「社会学的方法の規準」になった、と。

一般にそれは、方法論的集団主義と呼ばれる。もちろんそれが、社会学の唯一の立場になったわけではない（たとえば方法論的集団主義に対して、方法論的個人主義も生まれた）。しかし標準的な立場となった、とまではいってもよいかもしれない。というのもそれが、社会学に固有の立場であるからである（その意味でデュルケームの立場は、社会学主義ともいわれる）。それ以外にもデュルケームは、数々の理論的前進を果たしている。たとえば『規準』では、正常状態と異常状態の区分が問題にされる。デュルケームは両者を、絶対的に区分することなどできないという。つまりはそこには、社会的な相対性がつきまとうとする。わたしたちはそこに、いわゆる社会構築主義の着想を見て取ることもできよう（第10章参照）。あるいはまた**比較社会学**を、明確に定式化したこともかれの功績である。本来社会学の課題は、社会現象の因果関係の解明にある。しかし社会学では、実験を行うことが容易ではない。

●際限のない欲望

実験に代わる社会学の固有の方法こそが、比較社会学というわけである。デュルケームはこういう。比較社会学は社会学の一分野ではなく、社会学そのものである、と。そのような比較社会学は『自殺論』のなかで、縦横無尽に展開されている。すなわちそれは、**自殺**の比較社会学的研究なのである。冒頭デュルケームは、自殺が社会学の研究対象たりうることを主張する。かれはまず、自殺を「当人が結果を予期した上で、その行為によって死を招くこと」と定義する。そして自殺率は、（一般死亡率よりもはるかに）それぞれの社会集団に固有のものであると主張する。このことを論証するのにデュルケームは、統計的データを駆使している（『自殺論』には合計、七四の表と四の付表が掲載されている）。今日のわたしたちにとっては社会学の論文に、統計的データが掲載されることはごく普通のことである。しかしデュルケームが、その草分けの一人であることは断っておかねばならない。

ともあれ自殺に、どのような社会的要因が作用しているのかということがそこでの問題であった。『自殺論』でデュルケームが、自殺の三つの類型を提示したことは有名である。すなわち利己的自殺、利他的自殺、アノミー的自殺、の三つがそれである（前二者はそれぞれ、自己本位的自殺、集団本位的自殺とも訳される）。この分類はまさに、自殺の社会的要因に基づくものである。デュルケームはまず、プロテスタントの自殺率がカトリックの自殺率よりも高いことに着目する。その理由をかれは、プロテスタントの教会がカトリックの教会ほど強力に統合されていないことにおく。あるいはまたかれは、結婚生活が自殺の抑止効果をもつこと（とくに男子の場合）、大きな政変や戦争も同様の抑止効果をもつことを立証する。そこからかれは、次のような一般的な命題を引き出す。すなわち自殺の増減は、社会的（宗教的、家族的、政治的）統合の強弱と反比例の関係にあるという命題を。

社会的統合が弱体化する（個別化が進行する）ことに基づく自殺を、デュルケームは**利己的自殺**と呼ぶ。これに対して社会的統合が強固であるために（個別化が不十分なために）、かえって自殺が生じる場合が問題にされる。それは殉死や殉教に代表される、**利他的自殺**である（軍人に自殺が多いことが、これと関連づけられる）。それは未開社会に固有の自殺類型である、とデュルケームはいう。それでは利己的自殺が、近代社会に固有の自殺類型であるというのか。ここで話を複雑にする要因として、第三の自殺類型が登場する。近代社会に固有の自殺類型としての**アノミー的自殺**が、それである。デュルケームは好況下でも（不況下と同じく）、自殺が増加することに着目する。

この場合問題なのは、好不況ではなく社会的秩序の動揺だというのである。社会的秩序が動揺したり社会的規律が弛緩したりすると、欲望が無規制状態におかれる。それが原因となる自殺が、アノミー的自殺である。

なぜ欲望の無規制状態が、自殺の原因となるのか。デュルケームはそれを、こう説明する。――際限のない欲望をもつことで、際限のない不満の状態におかれる、と。さてここで、利己的自殺とアノミー的自殺をどう区別するかという問題に逢着《ほうちゃく》する。これについてデュルケームは、そう明快な区分をしていない（前者は統合の、後者は規制の問題である、と説明されるが）。わたしはアノミー的自殺を、利己的自殺の一つの系《コロラリー》と理解する。その限りではデュルケームの自殺類型は、利己的自殺と利他的自殺の二つで足りると思う。しかしまた同時に、こうも思う。もしアノミー的自殺という類型がなければ、『自殺論』はさぞ凡庸な書物であろう、と。つまりはここでも、アノミーの概念が一つの生命線となっているのである。わが国では平成一一（一九九九）年に、自殺者数が前年の二万四千人台から三万人台に急増した。この間自殺率（人口一〇万人中）も、一八・八人から二五・四人に急増した。

それ以降一〇年余り自殺者数・自殺率ともに、この高水準が維持されている（警察庁の統計による）。平成九（一九九七）年から一〇（九八）年にかけては大手金融機関をはじめとする、企業倒産が相次いだ。そしてグローバル化への対応が叫ばれたのが、それからの一〇年余りであった。それらはわが国における自殺の急増と高止まり状態の、重要な社会的背景となっているのであろう。と同時にわたしたちが注目せずにはいられないのは、より現代的な自殺とそれに準ずる行為（自傷行為）である。具体的にはネット心中、リストカット、オーバードーズ（薬物過剰摂取）、摂食障害、セックス依存症などが、それにあたる。その背景として今日の若者がおかれている、「生きづらさ」を問題にする論者も多い。それを深く掘り下げることは、ここでのわたしの任務ではない。わたしのいいたいことは、百年以上も前のデュルケームのアノミー概念が今日でも一定の射程をもちえているということである。

『自殺論』でデュルケームはこう書いた。わたしたちの感性は社会的な制約のない限り、苦悩の源泉でしかない、と。本書では扱わなかったかれの主著の一つに、『宗教生活の原初形態』（一九一二年）がある。デュルケームがそこで題材としているのは、トーテミズムである。その際かれの関心は、「宗教とはいかなるものか」ということに集中している。結論的にかれは、**宗教**が人々を統合する機能をもつことに注目する。かれはいう。神と社会は一つである、と。デュルケームが生きた時代は、アノミーが慢性化しつつある時代であった。そのなかでかれは、愚直に社会の道徳的結合の重要性を説いた。そういうかれには、社会の伝道師としての風貌がある。さまよえる人々に道を指し示そうとする、伝道師としての風貌が。――アカデミックな社会学の創設者としてウェーバーは、ジンメルとデュルケームに勝るとも劣らない存在である。わたしたちは次に、かれを取り上げることにしよう。

7章 自由の擁護者

ウェーバー

わたしは科学と信仰を隔てる、際どい一線を明らかにしてきた。
——ウェーバー

●漱石の病跡

古来「天才と狂気は紙一重」と、しばしば語られてきた。多少科学的な表現を用いるならばそれは、天才と精神病理の間に何らかの関わりがあるという指摘にあたる。実際天才とされる人物のなかに、精神病者ないしは精神病質者が目立つことは事実である。ドイツの精神医学者E・クレッチュマーは『天才の心理学』のなかで、その名簿を掲げている。精神病者＝ニュートン、ジャン＝ジャック・ルソー、ヘルダーリン、シューマン、ドストエフスキー、ニーチェ、ストリンドベリ、モーパッサン、ファン・ゴッホなど。精神病質者＝ミケランジェロ、バイロンなど。その名簿にわたしたちは、次のような人々の名を加えることもできるであろう。スウェーデンボリ、ゲーテ、ベートーヴェン、ショーペンハウアー、ネルヴァル、ダーウィン、ボードレール、チャイコフスキー、カントール、フロイト、ムンク、ユング、カフカ、ヴィトゲンシュタイン、ウィーナー、ボーア、アルチュセールなど。

天才をどう定義するかという問題には、ここでは立ち入らない。ともあれ天才的な創造性を発揮する人物が、精神病理と一定の親和性をもつという指摘は興味深い。そのような天才たちの伝記を精神医学的に問題にする領域を、**病跡学**（pathography）という。その主題はかれらの創造性の根源を、病跡（病的経験）の分析を通して明らかにしようとすることにある。わが国でも夏目漱石、芥川龍之介、宮沢賢治、中原中也、三島由紀夫（以上、出生順）などが、病跡学的な研究対象となってきた。とりわけ夏目漱石は、病跡学者たちの関心の中心であり続けてきた。――漱石の病跡の実態を知るにはかれの家族が残した記録を読むのが、一番手っ取り早い。明治三三（一九〇〇）年から二年余り漱石は、イギリスに留学した。留学中に漱石は、強度の「神経衰弱」に陥った。当時「発狂した」との噂までが、日本に伝わっていたという。帰国直後の出来事を妻の鏡子は、次のように語っている。

帰国後三、四日目漱石と長女が、火鉢をはさんで座っていた。偶々《たまたま》火鉢のふちに、銅貨が一枚載っていた。それを目にした漱石は、「いやな真似をする」といって、いきなり娘をぴしゃりと打《ぶ》った。夫人が訳をきくと、ロンドン滞在時の話をする。ある日散歩の途中で、乞食に銅貨を一枚恵んでやった。帰ってきて便所に入ると、同じ銅貨が一枚窓辺においてある。「常々《つねづね》下宿のばあさんが、探偵みたいに自分の後をつけていると思っていた。やはり推定通りに、自分の行動を細大洩《も》らさず見ているのだ。しかもこれ見よがしに、目のつくところに銅貨をおいておくとはけしからん」と憤慨したことがあった。ところがいま、火鉢のふちに銅貨が一枚載っている。それで「いやな真似をする」といって、娘を打ったというのである（『漱石の思い出』）。これは精神医学的には、「追跡妄想」あるいは「迫害妄想」と呼ばれる症状である（その典型的な症例を示す人物として、ルソーが有名である）。

漱石は東京帝国大学を卒業し、東京高等師範学校の英語教師になって間もなく、最初の「神経衰弱」になったといわれる（その後松山中学に赴任することを、これと結びつける見解も有力である)。さきの挿話はイギリス留学中の「神経衰弱」が、帰国後も続いていたことを示している。次男伸六の記す挿話を読むと、そのような病跡は晩年まで続いていたように映る。伸六が小学校に上がる前、射的場に父と出かけた。伸六が臆して撃たずにいると、いきなり殴り倒され、下駄履きで踏んだり蹴ったりされたばかりか、ステッキで滅茶苦茶に打たれたというのがそれである。周囲の人々は呆気《あっけ》にとられて、それを茫然と見ていたと伸六は記している(『父、夏目漱石』)。漱石の病跡をどうとらえるかについては、精神医学的に議論百出の状況にある。その議論にここで、首を突っ込む必要はさらさらない。というのも精神医学的に、かれの病跡に正確な診断を下すことが重要であるわけではない。

そのような病跡の上でかれが、すぐれて創造的な仕事をしたことが重要なのだから。クレッチュマーは天才たちの創造性の根源には、デモーニッシュ(神霊的)なものがあるといっている。そういったからといって何がはっきりするものでもない、とわたしは思う。しかしそうとでもいうほかなかった、クレッチュマーの心境はよく分かる。おそらく漱石もまた、自分のなかのデモーニッシュなものに突き動かされていたのであろう。と同時にそれを冷徹無比に分析することが、かれの創作の課題であったともいえよう。たとえば『行人《こうじん》』の主人公は、こう語る。「死ぬか、気が違うか、それでなければ宗教に入るか。僕の前途にはこの三つのものしかない」と。それは漱石自身の、自己分析の一つの成果と見るべきなのであろう。さて社会学者のなかで、病跡学的な研究対象の主峰に位置するのはウェーバーであろう。いや病跡学を抜きにしても、かれは社会学史のなかで一際聳《そび》え立つ存在である。

●ナショナリストの相貌

マックス・ウェーバーは一八六四年、ドイツ中央部のテューリンゲン州の州都エルフルトに七人きょうだいの長男として生まれた。父マックス（同名）はドイツ西北部の有力な織物業者の一家の出身で、法律家を志してベルリンに出た。ウェーバーは父マックスが、エルフルト市の助役時代に生まれた。その後父マックスは、ベルリン市参事会員を経て国民自由党の代議士となった。この間一家はベルリンに移っていたので、ウェーバーはベルリン育ちといってよい。ウェーバーの母ヘレーネ（旧姓ファレンシュタイン）はテューリンゲン州の旧家で富裕な官吏の家に生まれ、ベルリンにいた義兄を通じて父マックスと知り合った。ウェーバーの生涯をたどろうとする者は、いまでも**妻マリアンネ**による伝記『マックス・ウェーバー』（一九二五年）を繙《ひもと》かなければならない。マリアンネはウェーバーの死後、かれの遺稿を整理・編纂した。のみならず各方面への書簡を収集し、上記の伝記を著した。

これらの仕事はウェーバーの名声を、死後ますます高めることに貢献した。今日ではマリアンネによる、このウェーバー像に修正を加えることが一つの課題となっている。といってもかの女による伝記が、第一級の資料であることにかわりはない。その伝記でマリアンネは、ウェーバーの父母についてこう書いている。ウェーバーは世俗的・社交的な父親と、宗教的・内省的な母親の間に生まれた、と。この二つの傾向はかれのなかで、終生葛藤を繰り広げたと見ることもできる。ウェーバーは最初、法学を専攻した。それは父親の後を継いで、法律家を志していたからである。シュトラスブルクでの兵役をはさんでハイデルベルク、ベルリン、ゲッティンゲンで、学生生活を送った。かれは無事司法試験に合格するとともに、ベルリン大学から法学博士の学位（論文『中世商事会社史』）と大学教授の資格（論文『ローマ農業史』）を得た。その後ベルリン大学の私講師として、商学などを講じた。

この間ウェーバーは、ドイツ社会政策学会に入会した。ここで「社会政策」という概念について、若干の補足をしておこう。本来**社会政策**は、資本主義社会における社会問題とりわけ労働問題の改善を図ろうとする政策体系をさす。ドイツでは一九世紀後半、社会保険政策が導入されたことがこれにあたる（それが社会主義政党の弾圧と表裏一体のものであった、とはよくいわれる）。ドイツ社会政策学会は一八七二年、**新歴史学派**の経済学者たちによって創設された。新歴史学派は（旧歴史学派に対して）国民経済の歴史性や倫理性を強調するところに、その特徴があった。そのためにそこに集う経済学者たちは、（自由主義者や社会主義者から）「講壇社会主義者」と揶揄《やゆ》されることもあった。ウェーバーは社会政策学会の委嘱で、東部ドイツの農業労働者の状況の調査に従事した。これは東部ドイツに、ポーランドから出稼ぎ労働者が流入することで生じた労働問題を扱うためのものであった。

さて調査の結果、ウェーバーはいかなる結論に達したか。外国人労働者によってドイツの「文化」が浸食されつつある、というのがそれである。ここにはウェーバーの、生涯にわたる政治的立場が簡略に示されている。――すなわちそれは、ナショナリストの相貌である。いずれにしてもかれが、アカデミズムの枠内に収まらない人物であったことは間違いない。一八九三年ウェーバーは、遠縁の娘マリアンネと結婚した。かの女によるウェーバーの伝記では自分のことは、(「マリアンネ」や「ウェーバー夫人」というように)客観的に表記されている。それは『漱石の思い出』の述者(元々それは、口述を筆録したものである)が、自分のことを「わたし」と表現しているのとは対照的である。対照的ということでは夫の精神疾患に対する、二人の姿勢もまたそうである。漱石夫人は「頭の病気」といった表現で、それをとらえている。つまりはそこには、夫に対するすこぶる冷徹な視線がある。

わたしたちはそれを、女房的肉眼といってもよいであろう。これに対してマリアンネの伝記には、病気の夫に献身的に付き添う妻の姿がある。一般にマリアンネは良妻、漱石夫人は悪妻の典型例として、それぞれ通っている。のみならずマリアンネの伝記は客観的、漱石夫人の口述は主観的、というのが一般の評価であろうと思う。しかしかえって、前者が主観的、後者が客観的な一面もあるのではないかとわたしは思う。結婚の翌年ウェーバーは、フライブルク大学に経済学の正教授として赴任した。その就任講演(に基づく著作)「国民国家と経済政策」にはかれの、ナショナリストの相貌が再度見て取れる。かれはいう。経済政策が奉仕すべき究極の利害は、国民の利害である、と。一八九七年ウェーバーは、母校ハイデルベルク大学に経済学の正教授として招聘された。いまだに三〇代前半のかれは、順調に学問的経歴を歩んでいた。しかしマリアンネのいう「転落」が、目前に迫っていた。

●創造的な局面

マリアンネによるとそれは、次のような出来事をきっかけとしていたという。ウェーバー夫妻（夫妻には終生、子どもがなかった）がハイデルベルクに移り住んで間もなく、母ウェーバーは自分の出身地であり、長男の着任地でもあるそこを数週間訪問したいと願った。かの女にとってそれは、（夫から離れるということで）休暇としての意味をもっていた。それを快く思わなかった父ウェーバーは、妻に同行してきた。結果として起こったのは、息子が父を母や妻の前で面罵するという出来事であった。憤慨した父は、ベルリンに戻った。そして友人と出かけた旅先で、急死してしまう。この出来事がウェーバーの精神疾患と関係をもつかどうかは、何ともいえない。しかし父親の葬儀ののち、（静養のためにスペインに旅行したときに）ウェーバーが「神経症」に苦しみ始めたことはたしかである。そして（重篤期と軽快期の別はともかく）終生、その病気から逃れることができなかったことも。

フロイトは『夢解釈』の第二版序文で、こう書いた。父の死は一人の男の人生において、最も痛切な喪失にあたる出来事である、と。（フロイト風に解釈すれば）ウェーバーはそれを、「父殺し」として経験したと見ることもできる。そして以降、罪悪感にさいなまれるようになった、と。しかしウェーバーの病跡をたどることが、ここでの本来の課題ではない。ここではそれが、社会学といかなる関わりをもつかが問題である。社会学史の文脈では発病後、ウェーバーが社会学者として再出発したという一面がないではない。元々かれは、法学者であった。その後かれは、経済学者になった。そして発病を経て、社会学者になったと見ることもできるのである。もっとも当時、社会学が学問的に確立していたわけではない。今日でも社会学の入門的な授業では、ウェーバーの名がしばしば登場する。それはかれが、(ジンメルやデュルケームと同じく)社会学の創設者であったことを物語っている。

すなわち社会学は、ウェーバーが闘病の過程で生み出した学問体系であったのである。その後ウェーバーは、長期的な療養休暇に入った(満足に講義を行うことも文献を読むこともできなかったので)。休暇中はヨーロッパ各国を、頻繁に旅行した。そして一九〇三年、ハイデルベルク大学教授を辞職する(講義義務のない名誉教授となる)。——面白いのはそれ以降、かれが創造的な局面に入っていくことである。たとえば『社会科学と社会政策に関わる認識の「客観性」』(一九〇四年、以下「客観性」論文と略記)や『プロテスタンティズムの倫理と資本主義の「精神」』(一九〇四—〇五年、以下「倫理」論文と略記)は、この時期の作品である。いや一九二〇年に五六歳で亡くなるまで、そのような創造的な局面は続いたといってもよい。この間かれは、ずっと在野の研究者であり(晩年にウィーン大学やミュンヘン大学で教壇に立ったことを除けば)、編集者であり、政論家であった。

それは学者にとっての、創造性の根源を問う上で示唆に富む。ウェーバーはコントやマルクスやフロイトと同じく、市井《しせい》の学者であったかもしれないのである。ウェーバーが深い関わりをもった雑誌に、『社会科学・社会政策アルヒーフ』がある。ウェーバーはW・ゾンバルトやE・ヤッフェとともに、その共同編集者となった。その第一巻（公式には前身の雑誌を引き継いで、第一九巻と称せられる）に自ら執筆したのが、「客観性」論文である。さらにまた「倫理」論文は、第二巻と第三巻に連載された。というよりも後年『宗教社会学論集』全三巻に収められる論稿はことごとく、最初そこで発表された。その意味でそれは、ウェーバー社会学の重要な母胎となった。一九〇四年の九月から一二月ウェーバーは、アメリカ各地を旅行した。当時かれは、「倫理」論文を準備中であった。この旅行によってアメリカ資本主義の実態に接したことは、「倫理」論文のなかにも明確に刻印されている。

大学退職後のウェーバー夫妻の生活がどう成り立っていたのかは、一つの問題である。基本的にはそれは、遺産生活であった（母と妻がそれぞれ多大の遺産を受け継いでいた）と推定される。面会日には邸宅の大広間《サロン》に、多くの知識人が出入りしたと伝えられる（大学退職後の漱石が文筆で家族を養いつつ、やはり面会日を設けていたことを連想させる）。ある意味ではそれは、「高等遊民」の生活であったであろう。社会学史の文脈ではウェーバーが、ドイツ社会学会の創設（一九一〇年）に尽力したことが特筆される。第一次世界大戦に際しては終始一貫、ナショナリストとして行動した。ハイデルベルクの野戦病院に勤務したり、無制限潜水艦作戦に反対する（アメリカとの開戦は絶対に回避すべきだとする）意見書を政府に送付したりした。一九一九年にはドイツ代表団の一員として、ヴェルサイユ講和会議に出席した。かれが肺炎のために急死したのは、それからほぼ一年後のことである。

●時代の総括者

わたしはここで、ウェーバーの社会学的業績を概観しようとしている。疑いなくかれは、社会学史上の最大の巨人である。そういうかれを特別扱いしないことは、ひょっとしたら礼儀に反することなのかもしれない。しかしまさに、かれを特別扱いしないことがここでのわたしの礼儀である。というのもかれを、ことさらに神格化（あるいはまた逆に、脱神格化）する傾向がないでもないと思うからである。かれもまた一人の社会学者にすぎない、というのが本書の姿勢なのである。さてウェーバーの社会学的業績は、広範かつ多岐にわたっている。ここではそれを、三つの領域に分けて取り上げたいと思う。すなわち①「客観性」論文に代表される社会科学方法論、②「倫理」論文に代表される宗教社会学研究、③理解社会学を基軸とする社会学の一般理論、の三つがそれである。マリアンネが夫の伝記の巻頭に、リルケの詩句（『時禱集《じとう》』のなかの無標題の詩の一節）を掲げたことは有名である。

リルケはそこで、こういう。一つの時代が終焉するときには、その価値を総括しようとする人間が現れる。かれまたはかの女は時代のすべての重荷を取り上げ、自分の胸の奥底へ投げ込む、と。

その詩は元々、ミケランジェロの伝記に着想を得たものである。――ミケランジェロと同じくウェーバーも、一つの時代の総括者であったというのが引用者の意図であったのであろうか。おそらくミケランジェロは、(今日から見て)中世から近代への転換期を生きた芸術家であったであろう。それではウェーバーが生きたのは、いかなる時代であったのか。一つにはそれは、近代から現代への転換期であったといえるであろう。もっとも本来、「近代」と「現代」の区分はそう明瞭ではない(英語ではそれらは、ともにmodernと表現される)。多少図式的にいえば、古典的な近代から現代的な近代への転換期といってもよい。つまりは近代社会が、固有の形態変化を遂げつつあった時代ということである。

ウェーバーはそれを、理論的にいかに総括したのか。そのことはたしかに、ここでの重要な関心事である。しかし社会学史の文脈では、それ以上に重要なことがある。それは時代の総括者としてのウェーバーが、社会学者であったということである。というよりも時代を総括しようとして、社会学を創設したということである。その意味では社会学は、一つの現代学ないしは時代診断学として登場したことになろう。「客観性」論文の時点でウェーバーが、格別社会学を意識していたとは思われない。標題にもあるようにそれは、社会科学とりわけ社会政策の問題として論じられている。したがってウェーバーは、それを経済学者として執筆しているという一面がある。しかしまたそれは、社会学と深い因縁をもつ著作である。ウェーバーはそこで、社会科学が実践的な問題にどこまで踏み込めるかを問題にした(問題のしかたを問題にするという意味でそれは、方法論的な著作ということになる)。

ウェーバーはこういう。科学的認識は本来、「客観的」に妥当する真理を追求すべきものである。しかし社会科学の現状は、それとはほど遠い。そこでは「あること(Sein)」と「あるべきこと(Sollen)」、つまりは事実判断と価値判断が混同されたままである。「主観的」な理念から価値判断を導き出すことは、断じて経験科学の課題ではない、と。それでは社会科学は、価値判断の問題に関与できないかというとそうではない。ウェーバーは行為の目的と手段の関係を使って、それを説明する。かれはこういう。科学的考察の対象となるのは、目的を達成するのにいかなる手段が適しているか(あるいは適していないか)を明らかにすることである。経験科学は何人《なんぴと》にも、何をなすべきかを教えることはできない。ただかれまたはかの女が、何をなしうるかを教えられるにすぎない、と(より正確には目的の根底にある理念を明らかにすることも、科学的考察の対象となるとウェーバーはいう)。

事実判断と価値判断を峻別しなければならないというのは、それ自体一つの理念である。この理念は社会学史上、いかなる位置をしめるものとなったか。一面ではそれは、社会学の基本的な公理となったといってよい。といっても社会学者が、それを厳格に遵守してきたといいたいのではない。社会学はそれ自体、さまざまな理念(世界観といってもよい)の闘争場《アリーナ》であり続けてきた。その際さきの公理は、社会学の存在理由を担保してきたといいたいのである。ウェーバーは各人が、価値判断を下す自由を認めている(そのような自由のことをかれは、「価値自由」と呼ぶ)。ただしそれは、科学的考察の範疇には属さない。そのような区分を通じてかれは、個人の内心の自由を認めたと見ることもできる。今日では事実判断が、価値判断なしにはありえないという議論も盛んである。しかし社会学が社会学であるためには、事実判断の前提としての価値判断を自覚することがいまでも重要である。

●予定説

「客観性」論文の社会学史に残るもう一つの貢献は、「理念型」概念の提示である。ウェーバーはまず、経済現象と社会現象が相互依存の関係にあるという。そのことでかれは、社会現象の固有の存在意義を主張する。それがマルクスとエンゲルスの唯物史観（社会は経済に規定されるとする）を否定する立場であることは、容易に見て取れる。と同時にそれは、（経済学と区別される）社会学の地平にわたしたちを導くものでもある。ウェーバーは社会学を、こう規定する（ウェーバー自身は「社会学」という言葉を、そこで用いてはいないにしても）。現代社会がいかなる形態にあるのか（なぜかくなって、他の形態をとらなかったのか）を解明することが、社会学の課題である、と。しかし社会現象は、ほとんど無限の多様性をもっている。わたしたちはそれを、いったいどのように把握すればよいのか。ここで社会科学の固有の方法として、ウェーバーが提起するのが**「理念型」概念**である。

かれはこう問う。わたしたちは多様な社会現象のなかから、「意義のある」ものを抽出し、分析し、把握する。この一連の過程はわたしたちがもつ、特定の価値理念に制約されている。この場合社会科学的認識の「客観性」は、どのように確保されるのか、と。それは「理念型」概念による、とウェーバーは説く。わたしたちは自己の価値理念に基づいて、「理念型」概念を構築する。「理念型」とは一つのユートピア（極限概念ともいわれる）であって、経験的にはどこにも見いだせない。しかしそれを規準として、現実を種々考察（測定したり、比較したり、把握したり）しうるものである、と。この場合「理念」と「理念型」概念の間に、一線が引かれていることが重要である。その一線は髪の毛一筋ほどの、際どいものである。しかしウェーバーは、そこに価値判断と事実判断を分ける方法的根拠を見いだしたのである。それもまたウェーバー以降、社会学の基本的な公理となったといってよい。

このような概念を使ってウェーバー自身が、さまざまな社会学的研究を行っている。「倫理」論文を第一弾とする宗教社会学研究は、その代表例である。それは「倫理」論文に加えて、『儒教と道教』（一九一六年）、『ヒンドゥー教と仏教』（同）、『古代ユダヤ教』（一七年）などから構成されている。ウェーバーはそれらを、『宗教社会学論集』全三巻（二〇—二一年）にまとめる最中に亡くなった。その全貌をここで伝える余裕は、とうていない。しかしかれの宗教社会学研究の中心思想《ライトモティーフ》は、「倫理」論文のなかにすでに示されている。ここでは「倫理」論文を通して、それを読み解くことにしよう。そこでの「理念型」概念の中心に位置するのは、まさしく**「プロテスタンティズムの倫理」**と**「資本主義の精神」**である。両者の間に何らかの親和関係があるのではないか、というのがそこでのウェーバーの関心であった。そのような関心自体は必ずしも、ウェーバーに独自のものではない。

たとえばマルクスも、プロテスタンティズムが資本主義的生産様式に適合的な宗教形態であると断じている（『資本論』第一巻）。しかし経済が宗教を規定する、というのがマルクスの立場である。これに反してウェーバーは、宗教そのものを内在的に探究する。というよりも宗教が経済を規定する、というのがウェーバーの立場である。かれは「資本主義の精神」を、一つの職業精神と理解する。それは利潤の追求を、一つの「職業」＝道徳的義務としてとらえる信条である、と。この場合「資本主義の精神」が、営利精神と区別されていることが重要である。もしそれを、営利精神として理解したらどうか。その場合は「資本主義の精神」の起源として、ルネッサンスに着目することになろう（ウェーバーの論敵であるL・ブレンターノがそうしたように）。これに対してウェーバーが注目したのが、宗教改革であった。とりわけ**カルヴィニズム**が、そこでのかれの中心的な関心事となっている。

古来キリスト教が、利潤の追求に批判的であったことはさきに触れた（第1章）。カルヴィニズムはそれを、教理上どのように突破したのか。――その際ウェーバーが注目する教説が、予定説である。自分が救われるか否かは、あらかじめ神の意志によって定められているというのがそれである。この場合自分が救われているという確信をもつには、いかがすべきか。カルヴィニズムは職業に専念することを、その解決策としたとウェーバーは説く。それによって世俗的な職業生活が、道徳的に正当化された、と。ウェーバーはそれが、資本主義的生産様式の基盤を提供したという。と同時に「倫理」論文は、二〇世紀初頭の現代社会論としての内容を含んでいる。かれはこういう。資本主義は当初、「薄いマント」のようなものであった。しかし今日、それは「鉄の檻《おり》」と化している、と。その際かれは、資本主義体制の巨大化を念頭においている。しかしそれについては、次章で改めて論じることにしよう。

●理論的ユートピア

ウェーバーの宗教社会学研究が前提としていたのは、資本主義（ひいては合理的な社会秩序全般）が西洋においてしか発展しなかったという事実である。そのことを解明するためにウェーバーは、浩瀚《こうかん》な比較宗教社会学を展開した。そのような関心は二〇世紀の初頭においては、一定の妥当性をもちえたであろう。しかし二一世紀の今日、はたしてそれはどうか。たとえば今日、中国やインドが目覚ましい経済的発展を遂げつつある。おそらくウェーバーの宗教社会学の枠組みで、そのような事態を理解することは困難であろう（ウェーバーは中国やインドの経済的停滞について、縷々《るる》語っているのであるから）。「客観性」論文でウェーバーは、こういっている。社会科学の歴史は現実を把握しようとする、諸概念の絶えざる変遷の過程である、と。もちろんウェーバーが、それに最後の断案を下したわけでもない。かれを神格化すべきでないことは、まさにかれ自身の言葉からも明らかである。

「倫理」論文でウェーバーは、「理念型」概念を駆使している。というよりもそれは、社会学的な概念一般と明確には差別化できない（あらゆる概念は概念である限り、一つの「理念型」であるから）。一九一一年からウェーバーは、社会学の一般理論の構築に着手した。ウェーバーはそれを、体系的な著作にまとめる準備を断続的に進めていた。しかし宗教社会学の場合と同じく、その途次で亡くなった。かれの遺稿はマリアンネなどの編集で、『経済と社会』（一九二二年）という大冊にまとめられた。そこには一般に、『社会学の基礎概念』『支配の諸類型』『宗教社会学』『法社会学』『支配の社会学』『都市の類型学』『音楽社会学』などと称せられる著作が収められている。『経済と社会』は『宗教社会学論集』以上に、複雑な編集問題を含んでいる（さきの遺稿を一著にまとめることそのものに反対する、社会学者も多数いる）。しかしここでは、その詳細に立ち入ることはできない。

ここでは『経済と社会』の巻頭に位置する、『社会学の基礎概念』を取り上げることにしよう。ウェーバーの社会学的な関心の所在を知るのに、それが最も簡明な著作と思われるからである（ウェーバーは死の直前に、その校正作業を終えている。その意味ではそれは、かれの学問的遺言の一つである）。かれはそこで、社会学を改めてこう定義する。行為の過程や結果を「理解」を通じて説明する学問が、社会学である、と。そしてまた行為を、こう規定する。行為とは行為者によって、主観的に意味づけられた行動である、と。つまりは人々の行為の意味を理解することが、社会学の課題であるというのである。このようなウェーバーの立場を、一般に**「理解社会学」**という。遺憾ながらそれが、社会学の公理になったということはできない。ウェーバーにとって社会現象は、人々の行為の複合体《コンプレックス》にすぎない。少なくとも個々の行為の意味を理解することで、社会現象に接近しようとする限りは。

このようなウェーバーの立場はさきに書いた、社会名目論の系譜に連なる（第5章）。これに対してデュルケームの立場は、社会実在論の系譜に連なる。二つの立場（方法論的個人主義と方法論的集団主義といってもよい）は社会学史を通じて、繰り返し対立してきたものである。社会学史においてウェーバーは、その一方の旗頭であったといわねばならない。といってもここで、ウェーバーの社会理論を矮小化するつもりはない。行為の四類型としてかれは、目的合理的行為、価値合理的行為、伝統的行為、感情的行為を提起した。かれが凡庸な社会学者であったならば、目的合理的行為しか問題にしなかったであろう。あるいはまた社会関係の二類型として、ゲマインシャフトとゲゼルシャフトを提起した。同じく凡庸な社会学者であったならば、ゲゼルシャフトしか問題にしなかったであろう。支配の三類型の合法的支配、伝統的支配、カリスマ的支配のうち、合法的支配しか問題にしなかったであろう。

かれが非凡な社会学者であったというのは、それこそ凡庸な話にすぎない。わたしはかれが、すぐれて社会学的であったといいたいのである。ウェーバーは書斎で、社会理論の構築のために奮闘した。——それはまさに、理論的ユートピアを構想する営みであった。その構想力の非凡さに対してカリスマ社会学者の尊称を献げることは、そう奇妙なことでもない。社会学者あるいは社会学徒たる者は、おしなべてウェーバーの著作を繙いた経験をもっている。わたしも学生時代に、かれの著作をテキストとする授業にほぼ毎年出た。とりわけ大学院の時代には、いくつかの原著を読む羽目になった。『社会学の基礎概念』の訳者である清水幾太郎は、ウェーバーの文体をこう評している。「大通りを歩きながら、頻繁に左右の横町に飛び込み、更に、これらの横町から左右の細い露地を忙しく覗き込むような調子」と。それでいて道に迷うこともないかれの芸当に、わたしは驚嘆するばかりであった。

テレビで国会中継を見ていると時々、ウェーバーの名を耳にすることがある。たいていそれは、『職業としての政治』からの引用である。政治家諸氏はいう。ウェーバーも説くように「政治(家)は結果に責任を負わねばならない」と。この引用は実は、あまり正確ではない。その講演(一九一九年)でウェーバーが、**信条倫理**と**責任倫理**を区別したことはよく知られている(前者は行為の過程に、後者は行為の結果にそれぞれ価値をおく、倫理的態度をいう)。ウェーバーがそこでいうのは、この二つの倫理の葛藤である、つまりは政治家たるものは、悪魔と手を結ばなければならなくなるかもしれない。しかしそうするかどうかは、政治家自身が決めることであるというのがウェーバーの主張である。したがってかれは、そこでも自由の擁護者であり続けている。——一九〇四年のアメリカ旅行の際ウェーバーは、シカゴも訪ねている。わたしたちは次に、シカゴ学派を取り上げることにしよう。

8章

野外の研究者

シカゴ学派

人々がある状況を現実と規定すれば、それが現実となりがちである。

――トマス

●新天地

ミュージカル映画の二大傑作として時折、『ウエスト・サイド物語』（一九六一年）と『サウンド・オブ・ミュージック』（一九六五年）があげられる。『サウンド・オブ・ミュージック』は一九三八年のオーストリアのザルツブルクを舞台としている。見習い修道女のマリアはお転婆《てんば》で、周囲の修道女から始終たしなめられている。修道院長はマリアに、しばらく修道院の外で暮らすように命じる。マリアは修道院長の勧めで、同じ町のトラップ家の家庭教師となる。退役海軍大佐フォン・トラップは数年前に、妻に先立たれた。かれは亡妻との間の七人の子どもたちのために、家庭教師を求めていたのである。マリアは持ち前の明るさと優しさで、子どもたちの信頼を勝ち得る。と同時にトラップ大佐とも、互いに愛し合うようになる。映画は紆余曲折の末に、二人が結ばれるところで終わっているかというとそうではない。そのようなお定まりの展開ののちに、政治的な問題が扱われるからである。

ドイツによるオーストリア併合を経てドイツ海軍からの召集を、大佐は拒否する。そして一家で、スイスに脱出するというのが映画の結末である。この映画は一応、実話によっている。それによるとトラップ一家は、その後アメリカに移住する。そしてそこで、家族合唱団として活躍する。すなわち一家は、最終的にはアメリカに亡命したということである。トラップ大佐の場合それは、愛国心に基づく行動となっている。しかしナチスの支配下から脱出した人々の多くは、ユダヤ人であった。たとえばフロイトやベンヤミンが、そのような行動をとったことはさきに書いた。その他社会学者あるいは社会学周辺の学者として、レーデラー、ポランニー、レヴィン、マンハイム、ホルクハイマー、ウィットフォーゲル、レーヴィット、ライヒ、エリアス、マルクーゼ、シュッツ、フロム、ラザーズフェルド、アドルノ、アーレント、レヴィ=ストロース、ドラッカー（出生順）などもそれに含まれる。

その際かれらの大半が亡命したのは、**アメリカ**であった。アメリカはまさに、避難所（ドイツ語の Asyl や英語の sanctuary）として機能したのである。この時期に多くの社会学者がヨーロッパからアメリカに移住したことは、社会学史上いかなる意味をもつか。一つにはそれは、社会学の中心地《メッカ》のヨーロッパからアメリカへの移動を意味している。と同時にそれは、社会学そのものの変質をも意味している。かくしてわたしたちは、しばらくアメリカ（を拠点とする）社会学と付き合うことになる。しかしここで、いま一つミュージカル映画に寄り道することをお許し願いたい。アメリカが避難所であったのは、何もユダヤ系社会学者にとってだけではない。本来アメリカは、「移民の国」である。その意味ではアメリカ人全員にとって、アメリカが避難所であったというほうが適当である。――人々は政治的あるいは経済的な難民として、さまざまな国々から新天地アメリカに移住したのである。

しかし移民たちにとって、移民後のアメリカは天国であったのか。もちろんそれは、そうではなかった。往々にしてそれは、戦場であり、牢獄であり、地獄であった。『サウンド・オブ・ミュー

ニューヨークの「自由の女神」は移民たちの，いわば希望の道標であった．その台座にはエマ・ラザルスの，次のような詩句が刻まれている．「岸辺に満ち溢れる哀れな屑どもを，我に送れ」．

ジック』で監督と脚本をそれぞれ担当したR・ワイズとA・レーマンは、『ウエスト・サイド物語』でもコンビを組んでいる。原作は舞台劇で、『ロミオとジュリエット』の現代版というべき作品である。古来二つの対立する集団のメンバーが恋仲になる、というのは恋愛劇の常套である。『ロミオとジュリエット』はイタリアのヴェローナのモンタギュー家とキャピュレット家という、貴族間の対立を使っていた。これに対して『ウエスト・サイド物語』は、ニューヨークのマンハッタンのウエスト・サイドのギャング団の対立を使っている。その映画化を手がけることになったワイズとレーマンは、早速ニューヨークに飛んだ。社会学風にいえば二人は、フィールドワークに出かけたということである。

二人はギャング団の実態を知るために、綿密な調査を行った。最後にワイズは、レーマンにこういったという。「わたしたちは何も、社会学的な調査をしているわけじゃない」と。それで二人は、ロサンジェルスに戻って、映画製作に取りかかったという話である（レーマンの回想より）。ニューヨークの下町でヨーロッパ系移民の若者たちの集団と、プエルトリコ系移民の若者たちの集団とが抗争を繰り広げている。前者のジェット団の元リーダーのトニーと、後者のシャーク団の現リーダーの妹マリアが恋に落ちる。二人の恋の結末がどうなったかを、あえてここで書き記すこともあるまい。重要なことは映画が、当時のアクチュアルな社会問題を扱っているということである。すなわちそれは、スラム街の若者の問題であり、マイノリティ差別の問題である。アメリカ社会学もまた長年、そのような問題について研究を重ねてきた。その草分けというべきシカゴ学派を、本章では取り上げよう。

●エスニック・コミュニティ

シカゴ学派の系譜をたどる前にわたしたちは、シカゴの歴史を知るべきであろう。そしてシカゴの歴史を知るには、アメリカの歴史を知る必要があるであろう。ヨーロッパ人によるアメリカ大陸発見前に、アメリカ大陸はネイティヴ・アメリカンの土地であった。「ネイティヴ・アメリカン」という呼称は**政治的に公正な**（politically correct）表現として、今日一般化してきている。従来ネイティヴ・アメリカンは、「インディアン」と呼ばれてきた。たしかにネイティヴ・アメリカンに、「インディアン」は奇妙な呼称である。かといって「ネイティヴ・アメリカン」が、政治的に公正な呼称であるかどうかには疑問がある。明らかにそれは、「アメリカン」の側からの呼称である。つまりは征服した側の、征服された側への呼称である（実際「ネイティヴ・アメリカン」自身は、その呼称を好んではいないらしい）。ここには政治的に公正な表現など、はたして存在するのかという問題がある。

同じことはおそらく、歴史についてもいえるであろう。すなわち歴史は、つねにそれを語る側のものである（history と story は元々、姉妹語の関係にある）。アメリカ大陸を最初に発見したヨーロッパ人は、正確には不明である。もっともコロンブスの「新大陸の発見」（一四九二年）が、一つの画期的意味をもったことは間違いない。これ以降アメリカは、ヨーロッパ人の熱狂的な関心の対象となったからである（なお America は、イタリアの探検家 Amerigo Vespucci の名に由来している）。以降そこは、ヨーロッパ人の探検、征服、伝道、交易、入植などの目的地となった。現在のシカゴのある一帯は、最初フランスの植民地（ルイジアナ）となった。Chicago は英語式には、tʃikáːgou と発音すべきものであろう。これを ʃikáːgou と発音するのは、フランス語式であるとのことである（Chicago 自体はネイティヴ・アメリカンの言葉で、「野生の玉葱《たまねぎ》の生える地」に由来している）。

ここで独立革命、西漸運動、南北戦争、移民流入、産業発展などからなる、アメリカの建国史ならびに近代史を詳細にたどる余裕はないし、その必要もない。一九世紀末までにアメリカは、世界一の農業国であると同時に世界一の工業国になった。その社会的な条件を探ることに、ここでは関心を集中したいと思う。マルクスが資本主義的生産の条件として、大量の労働力に着目したことはさきに触れた（第3章）。アメリカの場合それは、どのように準備されたのか。いうまでもなく大量の移民流入が、それと関連している。アメリカへの**移民**は当初、西欧ならびに北欧諸国出身の人々が中心であった。次いで南欧ならびに東欧諸国出身の人々に、その中心が移った。さらにアジアならびに中南米諸国出身の人々が、これに続いた。つまりは民族・宗教・言語などを異にする、世界中の人々がアメリカに移り住んだということである。いま一つ見逃すことができないのは、奴隷状態から解放された**黒人**である。

かれらもまた原則的には、「二重の意味で自由な」労働者となった。工業化が進展するなかでこれらの人々は、次第に都市に集住した。そのことを典型的に示すのが、**シカゴ**である。シカゴはアメリカ内陸部の、ミシガン湖の南西端に位置している。そこは水運を通じて、ミシシッピ川水系と大西洋を結びつける中継地としての可能性を秘めていた。一八三〇年代初めそこは、人口二〇〇人ほどの寒村にすぎなかった。その後港湾の整備や運河の開削を契機として、段々と活況を呈するようになった。とりわけそこは、穀物や家畜の集散地として栄えることになった（現在でもそこには、世界最大の穀物・家畜市場がある）。そしてまた一八七一年の大火を契機として、工業都市としても栄えるようになった。シカゴの人口は一八八〇年代に一〇〇万人、一九〇〇年代に二〇〇万人、一九二〇年代に三〇〇万人を、それぞれ突破した。かくしてそこは、ニューヨークに次ぐ全米第二の大都市になった。

この人口増加は基本的には、（自然増加ではなく）社会増加によってもたらされたといってよい。つまりは国外あるいは国内の各地から、人々がそこに移住したということである。シカゴはけっして、特異な事例ではない。そこで起こったことは大なり小なり、アメリカ全土で起こったことである。シカゴ学派の社会学者たちは特段、シカゴのことばかり問題にしていたわけではない。しかしまたかれらの関心の中心に、シカゴがあったことも事実であろう。かれらの社会学が社会学史において、重要な位置をしめることになった理由は何か。それはシカゴが、良くも悪くも標準的な都市であったことに求められるとわたしは思う。とりわけそれは、アメリカにおいてそうであったであろう。都市に集住した人々は、「人種の坩堝《るつぼ》」で溶かされたわけではない。——実際にはかれらは、**エスニック・コミュニティ**を形成した。それは一世紀ほどものちの今日、世界中の都市で起こっていることである。

●植民地的コンプレックス

一般にシカゴ学派とは、シカゴ大学に集った社会学者の一団をいう。同じく経済学界にも、シカゴ学派がある（その代表者はマネタリストとして知られる、M・フリードマンである）。しかしここで取り上げるのは、社会学のシカゴ学派である。一口にシカゴ学派といっても、いくつかの世代がある。それをいくつに分けるかは、それ自体一つの問題である。その問題に入る前にまずは、**シカゴ大学**の創立から話を始めたい。それは一八九〇年、実業家J・D・ロックフェラーの寄付をもとに設立された。当時のアメリカでは富豪の寄付で、大学が設立されることは珍しくなかった。たとえばコーネル大学、ジョンズ・ホプキンズ大学、スタンフォード大学（シカゴ大学の場合とは異なってそれぞれ、寄贈者の名前が大学の名称になっている）などが、それにあたる。小さな会社の帳簿係から石油王に上り詰めたロックフェラーは、立志伝中の人物である。かれは生涯を通じて、質素な生活を送った。

ベッドの脇には金庫がおかれ、その上には聖書が載っていたとのことである。わたしたちがそこから連想するのは、ウェーバーの「倫理」論文である（第7章参照）。ウェーバーはそこで、アメリカの建国時代のピューリタン像を描いている。たとえばそれは、建国の父の一人でもあるB・フランクリンの姿である。「時は金なり」で始まるフランクリンの説教を引きつつ、ウェーバーはこう語る。ここには「資本主義の精神」が、ほとんど純粋なかたちで表現されている、と。それをピューリタンの倫理と結びつけることが、そこでのウェーバーの仕事であった。同時にかれは、（訪問したばかりの）アメリカの資本主義の現況も問題にしている。経済学の用語を借りればそれは、産業資本主義から金融資本主義への移行期にあたっていた。ウェーバーはこういう。アメリカでは営利活動は、純粋なスポーツと化している。要するにピューリタニズムは、まさに没落しつつあるというのがかれの時代診断であった。

一面ではロックフェラーは、そのような新時代を代表する人物であった。かれは冷酷無比な手口を駆使して、一大独占体制を打ち立てた。しかし他面、かれは旧式な人間でもあった。老境に達したかれは、一大慈善事業に乗り出した。シカゴ大学はロックフェラー財団などと並ぶ、その産物の一つであった。シカゴ大学社会学部は一八九二年、大学開講時に設置された。さきにも書いたようにアメリカの大学で社会学が最初に講じられたのは、一八七五年のことである（第6章）。しかし社会学部が設置されたのは、シカゴ大学が最初である。初期のスタッフには学部長スモールに加えて、トマスが含まれていた。一九一〇年代にそこに、パークやバージェスが加わる。スモールやトマスを第一世代、パークやバージェスを第二世代のシカゴ学派、とそれぞれ呼ぶ習わしがある。特段それが、不都合であるといいたいわけではない。しかし第一世代と第二世代の間に、明確な一線を引きにくいことも事実である。

たとえば上記の四人のうち、バージェス以外の三人はドイツ留学を経験している。一九世紀を通じて多数のヨーロッパ人が、アメリカに移住した。面白いのは多数のアメリカ人が、この間ヨーロッパに留学していることである。それは一九世紀後半に顕著になり、主要な留学先はドイツであった。なぜイギリスやフランスではなく、ドイツが主要な留学先であったかについては諸説がある。しかしここでは、その穿鑿《せんさく》は差し控える。より重要なことは当時、アメリカが学問的な後進国であったということである。――**ヨーロッパ留学**はアメリカ学界の、植民地的コンプレックスの表れであったかもしれない。社会学史の文脈で特筆すべきことはパークが、ドイツ留学中にジンメルの講義を聴講していることである。パークはそれを、唯一フォーマルな社会学の手ほどきを受けた機会であったと書いている（「自伝的ノート」）。社会学史上ジンメルは、都市社会学の創始者といってもよい存在である。

シカゴ学派の都市社会学が、ジンメルの直接の影響下にあるらしいことは興味深い。シカゴ大学は大学出版部をもち、学術出版を手がけるようになった。まずはそこから、『アメリカ社会学雑誌（American Journal of Sociology）』が発刊されたことが注目される（一八九五年）。そしてまたシカゴ学派の著作が、そこから続々と刊行されたことも。これらを通じてシカゴ学派は、アメリカ社会学の機関車となった。ここで話を、世代の問題に戻そう。やがて第一世代や第二世代の教え子が、シカゴ大学に着任するようになる。たとえばワースやブルーマーが、その代表者である。さらにまたかれらの教え子が、他大学で活躍するようになる。たとえばベッカーやゴッフマンが、その代表者である。前者を第三世代、後者を第四世代のシカゴ学派、とそれぞれ（あるいは両者をひっくるめて、新シカゴ学派と）呼ぶ習わしがある。しかしそれを、一つの学派として解釈することには大きな無理がある。

●モノグラフ

本書では以下、一九三〇年代までのシカゴ学派の業績を取り上げることにしたい。と同時にそれ以降のシカゴ大学関係者の業績についても、多少触れたいと思う。ひょっとしたら社会学にも「シカゴ流」があり、それが受け継がれているかもしれないからである。わたしたちはまず、トマスの業績を取り上げることにしよう。W・I・トマスは元々、文学畑の研究者であった。しかしドイツ留学を経て、社会学者に転じた。かれはシカゴ大学で博士号をとり、そこのスタッフとなった。トマスの名はＦ・Ｗ・ズナニエツキとの共著『ヨーロッパとアメリカにおけるポーランド農民』全五巻（一九一八―二〇年、以下『ポーランド農民』と略記）によって、社会学史に刻まれている。この著作が生まれた経緯は大略、以下のようなものである。トマスは前々から、移民のヨーロッパとアメリカにおける状況を総合的に把握したいと思っていた。資金を調達したかれは、ポーランド移民の研究に着手した。

ポーランドでの資料収集の際にトマスは、ズナニエツキと知り合う。ズナニエツキは元々、哲学畑の研究者であった。しかし当時は、ワルシャワの移民保護協会に勤務していた。二人はやがて、共同研究者となる（ズナニエツキは渡米し、社会学者としての経歴を歩むことになる）。その成果として生まれたのが、『ポーランド農民』というわけである。それは手紙（ポーランド移民の雑誌に広告を出して、一通いくらで買い取った）、自伝、新聞記事、裁判記録、各種の団体や機関の記録など、膨大な第一次資料を利用していることに特徴がある。著者の二人はそこで、資料から理論を（帰納的に）導き出すという姿勢を見せている。もっとも後年ブルーマーが的確に批判したように（『「ポーランド農民」の評価』）、そこでの資料の代表性、適合性、信頼性などに疑問が残ることはたしかである。と同時に資料の収集や解釈に際して、二人が何らかの理論を前提にしていなかったとは言い難い。

しかし『ポーランド農民』が、一つの社会学的地平を開いたこともまた事実である。――社会学的な表現形式としての**モノグラフ**の確立が、それである。一般にモノグラフとは、ある特定の主題についての研究論文をさす。たとえばエンゲルスの『イギリスにおける労働者階級の状態』やデュルケームの『自殺論』やウェーバーの「倫理」論文は、いずれもモノグラフに該当する。しかしシカゴ学派は、固有のモノグラフを確立した。そこでは一つの社会事象が、複合的な全体性として理解される。それを多角的に記述し、分析するために、参与観察、インタビュー、第一次資料の収集その他のさまざまな方法が駆使される。それがまさに、シカゴ流のモノグラフである。今日の社会学で「モノグラフ」は、このようなシカゴ流の意味合いで使われる場合が少なくない。そのシカゴ流モノグラフの記念碑的作品こそ、『ポーランド農民』である。さて話を、『ポーランド農民』の理論のほうに戻そう。

著者の二人はそこで、個人と社会の相互作用に着目する。すなわち社会が個人に影響を及ぼすのと同時に、個人も社会に影響を及ぼすというのが、それである。これに関連して**「トマスの公理」**が、そこで提示される。人間の行為においては（環境的な要因のみならず）行為者が、自分のおかれた状況をどう定義づけしているかが重要である。「人々がある状況を現実と規定すれば、結果としてそれが現実となりがちである」というのが、それである。この議論を評価し、「トマスの公理」と命名したのは、マートンである。のみならずマートンは、それを継承し、**「予言の自己成就」**という概念を提起した。これはある状況に関する思い込みや決めつけが、それらに基づいて行われた行為を通じて現実化する場合をいう。このような議論は今日の社会学者によっても、時として援用される。バウマンはエスニック・マイノリティが排他的なコミュニティを構築しがちであることに、それを援用する。

バウマンはこういう。（現実には弱者である）エスニック・マイノリティはコミュニティ感情によって、自分たちを強者と思い込む。言葉が肉体化し、想像のコミュニティが現実化するとき、排他主義が不可避となる、と（『コミュニティ』）。バウマンがエスニック・マイノリティの典型例としてあげるのは、移民である。かれの議論はここで、『ポーランド農民』と接合している。一世紀ほど前トマスとズナニエツキは、移民の社会的原因をどこにおいたか。二人はそれを、**社会解体**（social disorganization）におく。あるいはまたそれは、**個別化**とも呼ばれる。そのように個別化した移民はアメリカで、都市の下層労働者となった。たしかにそこには、コミュニティの再組織化も見て取れる。しかしそれは、あくまでも社会解体を基盤としているというのが『ポーランド農民』の構図である。それはグローバリゼーションの下での、今日の「民族大移動第二段」の理解に際しても示唆に富む。

●人間生態学

『ポーランド農民』は最初の二巻が、シカゴ大学出版部から刊行された。しかし残りの三巻が、別の出版社から刊行されたことには理由がある。それは（「陰謀」ともいわれる）スキャンダルで、トマスがシカゴ大学を解雇されたからである。その後シカゴ学派の指導者になるのは、パークとバ学を経て、黒人問題その他のエスニシティの問題に取り組んでいた。一九一四年パークは、(トマスの誘いで)シカゴ大学のスタッフに加わる。そのときかれは、五〇歳を超えていた。E・W・バージェスはパークよりも、二二歳年少である。かれはシカゴ大学出身で、一九一六年母校のスタッフに加わる。そのときかれは、三〇歳であった。パークがシカゴ大学を退職するのは、一九三三年のことである。この二人が双頭指導体制を敷いた二〇年間ほどが、シカゴ学派が最も輝いた時代ということになる。

一言でいってかれらが行ったのは、**都市社会学**の創生である。都市社会学の創始者がジンメルであることは、さきに書いた。しかしシカゴ学派は、それを主題的かつ組織的に展開した。そのことをもってここでは、「創生」というのである。その際かれらが重視したのは、経験的な調査である。とりわけモノグラフは、シカゴ学派の商標《トレードマーク》ともいうべきものになった。一九二三年にシカゴ大学出版部から、N・アンダーソン著『ホーボー』が刊行された。ホーボー(hobo)とはアメリカで、渡り労働者あるいは浮浪者のことをいう。アンダーソンはそこに、都市生活者に固有の移動性や孤立性を見て取った。このアンダーソンの著作を第一作としてシカゴ大学出版部から、「社会学叢書」が刊行される。その一連の作品は都市シカゴを主要な舞台とする、経験的なモノグラフであることを共通の特性としている。といってもそれらの著者たちが、全体主義政党の党員のごとく党派的に団結していたはずはない。

その意味では本来、シカゴ学派の理論的立場を概括することなど不可能に近い。しかしそう言い切ってしまうと、まったく身も蓋《ふた》もない話になる。ここではパークとバージェスの理論的立場を紹介することで、それに代わるものにしたい。パークとバージェスは一九二一年、共著で社会学の教科書を刊行した。そこには一〇編のジンメルの論文が、英訳の上掲載されている(元々『アメリカ社会学雑誌』で、同様のことが行われていた)。それは端的に、当時のアメリカ社会学の水準を物語っている。しかし二人は、ただジンメルの学説を祖述していたのではない。たとえばマージナル・マン(以下、マージナル・パーソンと表記)は、ジンメルの「よそ者」を継承して、パークが提起した概念である。ジンメルの「よそ者」はドイツにおける、ユダヤ人の境遇をモデルにしていた。これに対してパークの**マージナル・パーソン**は、アメリカにおける複数の人種あるいは民族の関係をモデルにしている。

すなわち複数の集団に帰属することで、いずれの集団にも帰属できない存在がマージナル・パーソンである。その典型例としてパークは、混血児をあげている(「人間の移住とマージナル・マン」)。しかしそれは、より適用力のある概念であろう。たとえば『ウエスト・サイド物語』のトニーとマリアは、ともにマージナル・パーソンといってよい。ともあれそれは、ヨーロッパの社会学説が新天地アメリカで新たな生命を吹き込まれた一例である。そのような理論的前進はアメリカ社会学の創生の過程において、度々《たびたび》図られた。――さてパークは、**人間生態学**を提唱した。これは自生的な有機体としての都市を、生態学的に分析しようというものである。その一方でパークは、都市が社会的な組織体としての側面をもつことを認めている。おそらくそれを、生態学的に分析することはできない話であろう。その意味では人間生態学としての、パークの都市社会学には理論的な不完全性がある。

それでもここで、一言パークを擁護しておきたい。パークが都市の生態学的分析を志向したのは、都市が一つの（文化ではなく）自然と映ったからであろう。都市は当時、人為的な操作の及ばない領域であった。いやそれは、いまでもそうかもしれない。その意味では人間生態学は、一つの本質的な問いを突きつけている。はたして都市は、社会の範疇かという問いがそれである。シカゴ学派の人間生態学はシカゴをモデルとして、数々の成果を生み出した。そのなかで最も有名なものは、バージェスの**同心円地帯の理論**である。これは都心から郊外へと拡がる五つの同心円で、都市の生態を分析したものである。今日的な用語を使えば「勝ち組」は郊外に移住し、良質な住宅地を形成する。その一方で「負け組」は、都心のスラム街に取り残されるというのがそこでの構図である。このような郊外とスラムの分化はそれ自体、社会解体の一つの帰結であるとバージェスはとらえている（『都市』）。

●シカゴ流

最後に一九四〇年代以降の、シカゴ大学関係者の業績を取り上げることにしよう。W・F・ホワイトはハーヴァード大学在籍中に、ボストンのイタリア系移民のスラム街で三年余り生活した。そこでの参与観察に基づいてかれが著したのが、『ストリート・コーナー・ソサエティ』（一九四三年）である。それによってホワイトは、シカゴ大学から博士号を得た。その後一時、シカゴ大学のスタッフであった期間もある。にもかかわらずかれが、シカゴ学派の一人に数えられないことは興味をひく。一つにはそれは、ホワイトの理論的立場に起因している。さきの著作でホワイトは、スラム街におけるコミュニティの存在に着目した。これはシカゴ学派が、伝統的にコミュニティの不在を強調してきたことと不整合である。しかしホワイトが、シカゴ学派のマージナル・パーソンというわけでもないであろう。そのころにはシカゴ学派は、もはや実体がなかったというのが事態の真相ではあるまいか。

コミュニティの不在／存在はそれ以降、都市社会学の中心的な主題であり続けてきた。しかしここでは、別の方面に舵を切ろう。シカゴ学派以降のシカゴ大学関係者のなかでは、ブルーマーの名を逸することができない。**H・G・ブルーマー**はシカゴ大学で博士号を取得後、一九二九年から五二年までシカゴ大学のスタッフであった。かれの『ポーランド農民』の批評論文については、さきに触れた。社会学史上かれは、**シンボリック相互作用論**の提唱者として知られている。その着想はすでに、一九三〇年代に表明されている。しかしブルーマーが、それを本格的に主張したのは一九六〇年代以降である。当時はパーソンズを代表者とする、構造－機能主義の全盛期にあたっていた。ブルーマーの主張はそれとの対抗関係で、大いに注目された。構造－機能主義の興隆と衰退についてはのちの章で、改めて論じることにしよう。とりあえずここで問題にしたいのは、ブルーマーの思想的出自である。

というのもかれは、明らかにシカゴ学派の思想的継承者と見られるからである。ブルーマーの立場は「シンボリックな相互作用としての社会」（一九六二年）という論文に、簡潔に示されている。その冒頭ブルーマーは、シンボリック相互作用論の先駆者たちの名をあげる。そこにはトマス、ズナニエツキ、パーク、バージェスなどに加えて、G・H・ミードの名もあがっている。ミードはハーヴァード大学に学び、ドイツ留学を経て、一八九四年にシカゴ大学の哲学科のスタッフとなった。シカゴ大学在籍中は社会学部の教員とも、深い交友関係があったと伝えられる。そしてまたかれの講義には、社会学部の学生が多数出席していたとも。それは一九三一年に、ミードが急逝するまで続いた。ミードは生前、一冊の著作も刊行しなかった。かれの思想は死後刊行された著作によって、広く知られることになった。とりわけ『精神・自我・社会』（一九三四年）は、社会学史の文脈でも重要である。

ミードがそこで、自我の二元性の議論を展開したことは有名である。自我を**生得的な自我**（I）と**社会的な自我**（me）の相互作用の過程、として理解するのがかれの立場である。その際社会的な自我は、いったいどのように形成されるのか。それは自己が、他者の役割を取得することによるとミードは説く。たとえばごっこ遊びのなかで、子どもが両親や医者や店員のふりをする。あるいはまたチームプレイを通して、チームメートの期待に応えることを学ぶ。その延長線上で個人は、社会的な役割（「一般化された他者」の役割）を取得していく。かくしてわたしは、わたしがしたいこと（I）としなければならないこと（me）の矛盾としてわたしを経験するというわけである。この議論はエスと超自我をめぐる、フロイトの議論に類似している。実際ミードは、フロイト説に言及して（me は I の検閲官であるといって）いる。しかしミードの説が、オリジナルなものであることにかわりはない。

ブルーマーがもう一つ依拠するのは、「トマスの公理」である。すなわち行為者による状況の定義づけが、状況そのものを規定するという発想である。ブルーマーはシンボリック相互作用論の立場を、こう説く。本来社会は、人々の相互作用によって成り立っている。この相互作用は（単純な作用と反作用の関係ではなく）行為の解釈を媒介とするという、シンボリックな性質をもつ。つまりは他者の行為を解釈し、（この自分自身との相互作用を通じて）自分の行為を形成していく過程である、と。このような立場をとるとき社会学者にとって、社会学的課題として浮かび上がるのは何か。それは行為者が、どう状況を解釈し、どう行為を形成したかを明らかにすることであろう。――このような立場を「シカゴ流」と呼ぶならば、そう呼べないこともない。この「シカゴ流」の社会学者（ベッカー、ゴッフマンなど）は一九六〇年代以降、新しい社会学的地平を次々と切り開いていくことになる。

バングラデシュ系のアメリカ人社会学者S・ヴェンカテッシュはシカゴ大学大学院に入学後、大学近辺の団地で参与観察を始める。そこは「アメリカ最悪のゲットー」とも称される、黒人居住区であった。『一日だけのギャング・リーダー』(二〇〇八年、邦題『ヤバい社会学』)にはそこでのかれの体験が、生々しく描かれている。その作品を通じてわたしたちは、シカゴ大学の近況についても知ることができる。入学時のガイダンスでは「危険区域」を徹底的に教え込まれる(大学の近辺には件《くだん》の団地に加えて、多くのゲットーがあった)、ゲットーの研究はいまでは統計的な調査を中心に行われている、といったことがそれである。にもかかわらずかれが野外の研究者たらんとするのは、シカゴ学派の伝統であろうか。——一九三〇年代にシカゴ学派が影響力を失っていくころ、ハーヴァード大学ではパーソンズが研究活動を始めていた。わたしたちは次に、かれを取り上げることにしよう。

9章 冷徹な分析家

パーソンズ

通常の社会的役割を免除されるのが、病人の役割である。

——パーソンズ

●アメリカの平和

第二次世界大戦が終わってから、六〇有余年が経つ。わが国で「戦後」というと、いまでも「第二次世界大戦後」をさすことが普通である。といっても今日の若い世代にとっては、その戦争は遠い昔の出来事であろう。それは昭和三三年生まれのわたしにとっても、概《おおむ》ね同じである。わたしが同時代的に経験した戦争は、ヴェトナム戦争であり、湾岸戦争であり、イラク戦争なのである。もっとも第二次世界大戦を、多少身近に感ずる機会がないわけではない。さきにも述べたようにわたしは、その戦争で伯父二人を亡くしている（第3章）。一人は昭和一九年にマリアナ諸島で戦死、いま一人は昭和二〇年に中国で戦病死したことになっている。という表現を使うのは、戦死の正確な状況についてよく分からないことがあるからである。たとえばマリアナ諸島で戦死した上の伯父は、どこの島で亡くなったのかよく分からない。たしかに亡くなる直前に、南の島から家族宛に出された葉書が一枚残っている。

しかし（軍事郵便の制約によるのであろう）そこには、明確な発信地は記載されていないのである。マリアナ諸島での最大の激戦地の一つに、サイパン島がある。断片的な情報を照合すると上の伯父は、そこで戦死した可能性が高い。のみならずそこには、わが国政府による「中部太平洋戦没者の碑」が建立されている。つまりは中部太平洋の島々や海域で戦没した人々のための、総括的な記念碑がそこにある。ということで先年、会ったこともない伯父の慰霊のためにそこに出かけてき

日本国政府建立の中部太平洋戦没者の碑（谷口吉郎設計，1974 年）．この近辺とバンザイクリフの周辺には，ほとんど無数の慰霊碑が乱立している．

た。サイパン島は第一次世界大戦後、わが国の委任統治領となった。第二次世界大戦後そこは、アメリカの信託統治領となった。現在はアメリカの自治領たる、北マリアナ諸島連邦の主島の位置にある。わが国政府の記念碑は島の北端部の、スーサイド・クリフ（サイパン戦の末期に多くの人々が、この高い崖から身を投げて亡くなった）の直下にあった。意匠《デザイン》的にはそれは、骨箱をかたどった簡素なものである。

それは外地での遺骨収集が、遅々《ちち》として進まない状況を暗示している。印象に残るのは政府の記念碑の近辺に、各種の団体や個人が建立した記念碑群が雑然と立ち並ぶ光景である。どうやら骨箱の記念碑は、わが国国民を納得させるものになっていないらしい。そこからさまざまな思想や心情に基づく、記念碑の乱立状態が生じている。サイパン戦では日本軍側で、陸海軍合わせて四一、二四四名の戦死者が出たとされている。これに加えて在留邦人約二〇、〇〇〇人中の八、〇〇〇—一〇、〇〇〇人が戦没したと推定されている。これに対して米軍側では、海兵隊・陸軍合わせての戦死者・行方不明者の合計は三、四四一名とされている（防衛庁防衛研修所戦史室著『中部太平洋陸軍作戦（1）』での集計による）。つまりは一〇分の一以下といっても、アメリカ側にも多数の犠牲者が出ているわけである。アメリカ政府が建てた記念碑ならびに記念館は、島随一の繁華街の近くの公園のなかにある。

こちらの記念碑は星条旗を中心として、その周囲に戦死者一人一人の名前を刻んだ石碑を整然と配置している。日米双方の記念碑を見てわたしは、敗戦がいまでも続いているように感じた。わたしは名簿と規則の存在をもって、「社会」を規定したことがある（『社会学』）。アメリカ側の記念碑はまさに、この原理の上に成り立っている。これに対して日本側の記念碑は、何とも漠然たるものである。「社会」との対比でそれを、「世間」の原理といってもよいであろう。というのも「世間」の場合、その名簿や規則はあいまいであるからである。「雑然」と「整然」の対照はまさに、サイパン戦での日米両軍のありようと重なっている。敗戦を通じてわが国は、いったい何を学んだのか。不遜を承知でいえばそれが、慰霊の旅を通じて自問したことであった。第二次世界大戦後わが国は、長期間の平和を謳歌してきた。といっても国外では、この間戦争が繰り返されてきたことは断るまでもない。

アメリカ政府建立のアメリカ軍戦没兵慰霊碑（1994年）．海風に翻る星条旗を中心に，戦没者の刻名碑が整然と配置されている．

「平和」とは本来、「平定された状態」を意味するのであろう。「ローマの平和（Pax Romana）」がローマ帝国支配下の平和であったことは、世界史的な常識に属する。——これと同じく第二次世界大戦後のわが国の平和は、**「アメリカの平和**（Pax Americana）」の一端と見るべきなのであろう。法律的にはそれは、日本国憲法や日米安全保障条約などによって担保されてきた。政治的には……、そんなことをここでくどくど解説する必要もあるまい。戦後のわが国は政治・経済・社会その他の全般にわたる、アメリカの圧倒的な影響下におかれた。本書の主題である社会学も、まったく例外ではない。戦前はヨーロッパ社会学の影響下にあったわが国社会学は、戦後は一転**アメリカ社会学**の影響下におかれることになった。それは後発国にして敗戦国たる、わが国社会学の位置を明確に示す事態である。ともあれ本章では、戦後のアメリカ社会学の大立者《おおだてもの》としてのパーソンズを取り上げよう。

●ウェーバー体験

タルコット・パーソンズは一九〇二年、コロラド州コロラド・スプリングスに六人きょうだいの末っ子として生まれた。パーソンズ家は一七世紀のアメリカ入植者を先祖にもつ、古い家柄である。パーソンズの曾祖父や祖父は東海岸で、貿易商を営んでいた。パーソンズがコロラド州で生を得ることになったのは、父の職業と関連している。すなわちかれの父は、プロテスタントの牧師であった（元々parsonは、牧師を意味している）。その伝道の地が辺境の地としての、コロラド州であったのである。パーソンズは長じてのち、マサチューセッツ州のアマースト大学に進学した。最初かれは、自然科学に関心をもっていた。その後制度派経済学に関心をもつようになることには、父の影響が指摘されている。というのもかれの父は、著名な社会福音運動家であったからである。社会福音運動とはイエスの教えを、社会問題に適用しようとする運動をさす（たとえば救護事業は、それに含まれる）。

その背景には資本主義体制下での、社会問題の深刻化があった。実はそれは、制度派経済学の登場の思想的背景でもあった。制度派経済学は文字通り、社会制度の分析を通じて経済現象に接近しようとする立場をさす。それは古典派経済学が信奉する、**自由放任思想**には批判的であった（たとえばヴェブレンの『有閑階級の理論』は、それを代表している）。パーソンズが自由放任思想への疑念から、その学問的な旅立ちを始めたことは興味深い。というのもかれの社会学は、（古典派経済学が依拠する自生的秩序ではなく）固有の社会的秩序を志向することに特徴があるからである。もっとも学生時代に、パーソンズは社会学と接点をもっていない。それとは別に逸話的に、一つ触れておきたいことがある。それは学生時代に、パーソンズが**社会主義思想**に親近感をもっていたということである。より具体的にはかれは、社会主義的な学生団体に属している。時はまさに、ロシア革命の直後であった。

社会学史の文脈で述べたいことは若き日に、社会主義思想に「気触《かぶ》れた」経験をもつ社会学者は珍しくないということである。これは冷戦終結後に、社会学に接した若い世代には理解しにくいことかもしれない。ここでパーソンズ以外に、もう一人類例をあげさせていただく。富永健一はマルクス主義社会学の批判者として、つとに有名である。ところが自伝的回想を読むと、かれにしても学生時代に「マルクス主義に近づいた時期」があったとのことである（『戦後日本の社会学』）。パーソンズや富永にしてしかり他は推して知るべし、である。社会学者のなかにはそのまま、マルクス主義社会学者になった者もいる。しかし早晩、それから離れる者のほうが多かった。わたしはここで、そのことの思想的是非を問いたいのではない。社会主義思想が長きにわたり、若い世代をひきつけてきたことそのものにここでの関心はあるのである。それは社会学をめぐる、一つの知的習俗にほかならない。

さて話を、パーソンズに戻そう。大学卒業後パーソンズは、ロンドン・スクール・オブ・エコノミクスに留学する。かれはそこで、人類学者マリノフスキーの指導を受ける。その後かれは、ハイデルベルク大学に行く。これが社会学者としての、パーソンズを生み出す直接の契機になった。ハイデルベルク大学はウェーバーが、かつて在籍していた大学である。パーソンズの留学時にはウェーバーは、もう（五年前にミュンヘンで）鬼籍に入《い》っていた。しかしドイツ留学を通じて、パーソンズはウェーバーと遭遇することになる。当時のアメリカではウェーバーは、必ずしもよく知られた存在ではなかった。どちらかといえばシカゴ学派経由で、ジンメルのほうがよく知られていた。ともあれパーソンズは、ドイツ留学時に「倫理」論文を読んだ。帰国後はそれをもとに、博士論文を書いた。そしてまたそれを、最初に英訳した。といったことはかれが、それから受けた衝撃の大きさを物語っている。

もう一つ加えるならば『経済と社会』の第一部を、最初に英訳（共訳）したのもかれである。要するにパーソンズは、ウェーバーの紹介者として（アメリカ）社会学界に登場したという一面をもつ。あるいはまたこういってもよい。――ウェーバー体験によってパーソンズは、社会学者として飛躍できた、と。帰国後パーソンズは、母校アマースト大学を経て、一九二七年ハーヴァード大学のスタッフとなる。その後一九七三年に退職するまで、四六年間そこに在籍することになる。最初は経済学のスタッフとして、次いで社会学（社会学部ならびに社会関係学部）のスタッフとして。この間かれの門下からは、マートン、ガーフィンケル、ギアツ、ベラー、ヴォーゲル、スメルサー、フォックス（出生順）などが輩出した。シカゴ学派と同様にそれを、パーソンズ学派などと呼ぶこともできないわけではない。しかしここでは、あくまでもパーソンズを主人公として記述を進めていきたいと思う。

●冷戦対立

パーソンズが活躍した一九二〇―七〇年代は、いかなる時代であったのか。一言にしていえばそれは、アメリカが世界的な覇権を確立した時代であった。それはさきに書いた、「アメリカの平和」の実現過程に対応している。しかし忘れてはならないのは、そこでの「平和」がつねに戦争や危機と背中合わせのものであったことである。第一次世界大戦を経てアメリカ経済は、飛躍的な発展を遂げた（戦後アメリカは、世界一の債権国になった）。この間大量生産＝大量消費を原則とする、アメリカ式生活様式も広く普及した。しかし一九二九年一〇月のニューヨーク株式市場の大暴落を契機として、時代は**大恐慌**へと暗転していった。一九二九年から三二年の間に名目国民総生産は、一、〇四〇億ドルから五九〇億ドルにほぼ半減した（ただし物価も下落したため、三二年の実質国民総生産は二九年水準の七一％であった）。三二年には労働人口の約四分の一の、一、三〇〇万人が失業状態にあった。

この大恐慌からアメリカは、（F・ローズヴェルトによるニューディール政策にもかかわらず）第二次世界大戦まで脱することはできなかった。この間イタリアではムッソリーニ＝ファシスト党＝ファシズムが、ドイツではヒトラー＝ナチ党＝ナチズムが、ソヴィエト連邦ではスターリン＝ソ連共産党＝スターリニズムが、それぞれ**全体主義体制**を確立していった。それはまさに、ハイエクが「隷従への道」と呼んだ体制であった。アメリカやイギリスに滞在する社会学者は、それに学問的にどう対峙するかという問題に迫られた。ハイエクは一九三一年に、ウィーン大学からロンドン大学に移っていた。**マンハイム**は一九三三年、（ナチスの政権獲得を受けて）ドイツからイギリスに亡命した。フランクフルト大学の正教授であったかれは、ロンドン・スクール・オブ・エコノミクスの講師に転じた。なぜマンハイムを取り上げるかというと、パーソンズはマンハイムの教え子でもあるからである。

というのもマンハイムは、かつてハイデルベルク大学の私講師であったからである。そのマンハイムはイギリス亡命後、時代診断学を提唱した。現代は自由放任から社会計画への移行期である、というのがかれの時代診断であった。特段マンハイムが、全体主義体制を支持していたわけではない。より積極的にかれは、「自由のための計画」を主張したにすぎない（『変革期における人間と社会』）。しかしかれの主張は、たとえばハイエクによって厳しく批判された（『隷従への道』）。わたしはここでもまた、思想の優劣を論じたいのではない。第二次世界大戦前の社会学をめぐる状況が、かくも政治的であったといいたいまでである。パーソンズと関連づければ『社会的行為の構造』（一九三七年、以下『構造』と略記）は、そのような状況のなかで書かれた。それは『構造』を読むときに、わたしたちが念頭においてよいことである。では戦後の社会学をめぐる状況は、いかがあいなったか。

戦争の結果イタリアやドイツの全体主義体制が崩壊したことは、改めて断るまでもない。しかしソ連のそれは、そのまま残った。というよりもそれは、戦前よりも一段と強化された。すなわちアメリカを盟主とする西側（資本主義体制）とソ連を盟主とする東側（社会主義体制）に、戦後の世界は二分された。いわゆる砲火を交えない戦争としての、**冷戦構造**がそれである。したがって戦後の世界を、「アメリカの平和」として理解することには留保がともなう。むしろそれは、「アメリカとロシアの平和」と呼ぶべきではないかというのである。しかしまあ、そんなことはどうでもよい。大事なことは「アメリカの平和」が、つねに戦争や危機と表裏一体であったことである。このような状況のなかではすべての社会学者が、その旗印を示すよう求められた。お前は西側の味方なのか、それとも東側の味方なのか、と。そのどちらでもない中立的立場は、両陣営から敵視されるのが関の山であった。

パーソンズがアメリカ社会学の大立者として活躍したのは、そのような時代であった。かれの社会学は資本主義社会の現状を正当化するものとして、種々批判された。しかし今日からすれば、かれの批判者のほうがよほど政治的であったように思う。——一九八〇年代初めにわたしが大学院に進んだころには、社会学の冷戦対立はいまだに続いていた。その当時の状況をよく示すのは、東京大学出版会の『社会学講座』(一九七二—七六年)である。さきにも述べたように第一巻『理論社会学』にはパーソンズ学派の社会学者が、第二巻『社会学理論』にはマルクス主義の社会学者が結集していた(第3章)。つまりは一つの講座のなかに、二つの理論的立場が共存していた。大学院の人間模様も基本的には、それとまったく同じであった。客観的にいってわたしは、左翼よりの中間派に属していた。そういうわたしは、長らくパーソンズを敬遠してきた。いまとなってはまことに遺憾なこと、というほかない。

●ホッブズ問題

パーソンズは一九七九年、ドイツで客死した。かれの学説は年代にそって、①初期＝『構造』に代表される行為理論の構築期、②中期＝『社会システム』(一九五一年、邦題『社会体系論』)に代表される行為理論からシステム理論への移行期、③後期＝四機能図式を基軸とするシステム理論の展開期の三段階に区分されることが普通である。この三段階にそってここでは、かれの理論の変遷を概括的にたどりたいと思う。『構造』は社会理論の先駆者として、マーシャル、パレート、デュルケーム、ウェーバーの四人を取り上げた著作である。まずもってそれは、一つの社会学史として味読できるものである。とりわけそれは、社会学の存在理由についていまでも明確なメッセージを発信している。といってもそこでのパーソンズの主題が、社会学史にあったわけではない。かれは先人四人の社会理論が、一つの社会理論に収斂するという。それがかれのいう、主意主義的行為理論にほかならない。

一般に**主意主義**（voluntarism）とは、人間の自由意志による選択を重視する立場をさす。つまりは主意主義的行為理論とは、人々の主体的・能動的な行為に主眼をおく理論をいう。このような理論をパーソンズが構想したとき、敵手《ライヴァル》として意識していたのは何か。一つにはそれは、行動主義的な心理学であった（端的にいえば動物の行動に類比して、人間の行動を観察する立場がそれである）。パーソンズの敵手としていま一つは、功利主義的な経済学をあげねばならない。**功利主義**とは各人が自己利益を合理的に追求することが、社会全体の利益（ベンサムのいう「最大多数の最大幸福」）につながるという信念をいう。古典派ならびに新古典派の経済学は基本的に、このような信念に立脚している。各人の利害が「神の見えざる手」（スミス）としての、市場によって調整されるというのがそこでの議論の前提であるからである。パーソンズはまず、功利主義が直面するディレンマを指摘する。

功利主義は人間が、所定の目的の実現のために合理的な手段を選択することを強調する。しかしそこでの目的の選択は、人間の非合理性に委ねられている（目的のランダムネス）。もし合理的に目的が選択されるならば、（目的に対する手段の選択という）功利主義の前提は崩れてしまうであろう。かくして功利主義は、人間の合理性をめぐるディレンマに直面するというのである。――その上でパーソンズは、**「ホッブズ問題」**を提起した。功利主義的な社会観の下ではホッブズのいう、「万人の万人に対する闘争」状態が現出する。そのなかで社会的な秩序がいかにして可能か、というのが「ホッブズ問題」にほかならない。さきにもいうようにそれは、社会学の最大の難問の一つといってよい（第1章）。パーソンズは功利主義の文脈で、この問題がどう扱われてきたかをたどっている。そして（社会契約による国家の樹立という）ホッブズ自身の解法とは別に、功利主義主流の固有の解法があるという。

パーソンズはこういう。（古典派経済学を中心とする）功利主義主流は一つの公理を、その議論の前提においている。人々の利害は自然に調和する、というのがそれである。かくして功利主義主流は、「ホッブズ問題」を巧妙に回避した、と。パーソンズは功利主義では、「ホッブズ問題」は解決できないとする。その代替案としてかれが提起するのが、主意主義的行為理論である。一般に**マーシャル**は、新古典派を代表する経済学者と目されている。しかしマーシャルは、人間の経済活動が道徳的な側面をもつことに着目していたとパーソンズは説く。**パレート**は「パレート最適」（Aの不満なしにBの満足のない、AとBの満足均衡の状態）の概念でも知られる、自由主義経済学者である。と同時にかれは、第二世代の社会学者でもあった。パーソンズはパレートの、論理的行為

（目的と手段が主観的に明確で、客観的にも妥当な行為）と非論理的行為（それ以外の行為全般）の区分に着目した。

パーソンズはマーシャルとパレートが、かれの先人であるという。それは二人が、（経済学にとどまらず）社会学的な志向をもっていたからである。さてデュルケームとウェーバーは、前二者より重要な先人ということになろう。この後二者＝第二世代の偉大な社会学者二人については本書でも、すでに取り上げたところである（第6章、第7章）。パーソンズはこう説く。デュルケームは人間の生活が、道徳的な結合を（たとえば契約は、「契約を守る」契約を）前提としているととらえた。その根源にデュルケームは、人々の行為を統制する共通の価値を見て取った、と。パーソンズはまたこう説く。ウェーバーは人間の生活が、秩序の正当化を（たとえばカリスマ的指導者に対する人々の帰依を）前提としているととらえた。その根源にウェーバーもまた、カリスマ的支配は、人々の行為を統制する共通の価値を見て取った、と。その意味では二人はともに、自分の先人であるというのがパーソンズの見解である。

●パターン変数

とりわけウェーバーの立場は、主意主義的行為理論そのものであるとパーソンズはいう。その上でパーソンズは、ウェーバーとデュルケームの立場（ひいては社会名目論と社会実在論）の統合を企図したのである。（利害が自然に調和するという）功利主義主流に対して主意主義では、人々の行為の規範的な統合が重視される。その根源には人々の共通の価値がある、というのがパーソンズの主張である。たとえばアノミー概念は、そのような規範的結合が欠如した状態をさす。その提唱者であるデュルケームを、「主意主義者」と呼んでよいのであろうか。より一般的には次のように問われてしかるべきであろう。パーソンズがいう「共通の価値」は、「あるもの」と「あるべきもの」のいずれか。はたしてそれで、「ホッブズ問題」に決着はついたのか、と。しかしそれは、パーソンズ自身の社会観というべきものであろう。その社会観の上にかれは、独自の社会理論を構築していくことになる。

『構造』の末尾でパーソンズは、「行為の準拠枠」という枠組みを提示している。さしあたりそれは、行為理論の枠組みをいう。しかしそれは、社会理論にも適用できるというのがかれの着想である。実際『社会システム』は、そのような着想の上に成り立っている。パーソンズはそこでこういう。行為理論は行為者が、(他の行為者を含む)状況に対してどう働きかけるかに着目する。この行為システムの下位システムの一つが、社会システムである、と。ここで「システム」という用語について、一言触れておきたい。一般にシステムとは、複数の要素が有機的に連関しつつ、一つのまとまった機能を発揮している集合体をさす。この概念をパーソンズは、(パレートの社会システム概念を批判的に継承しつつ)社会理論に応用した。すなわち複数の行為者が、一つの有機的結合を作り上げている状態が社会システムである。その際パーソンズは、社会システムの構造分析と機能分析を提唱する。

簡潔にいえば構造分析とは、システムがどう秩序だっているかを分析するものである。これに対して機能分析とは、その秩序の維持がどうなされているかを分析するものである。かくしてパーソンズは、かれの社会システム理論を「**構造－機能分析**」と称した。**ミルズ**は『社会学的想像力』のなかで、パーソンズの社会理論を揶揄《やゆ》している。それは理論のための理論としての、「誇大理論《グランド・セオリー》」にすぎない、と。ミルズがそこで、パーソンズの英文を（簡明な英文に）「翻訳」したことも有名である。それほどまでにパーソンズの議論が、灰色の上に灰色を重ねるものと映ったのである。パーソンズ本人が「不治の理論病患者」と自称することからしても、ミルズの批判には一定の真実がある。しかしまたパーソンズが、社会学史に大きな足跡を残していることも事実である。その証拠にかれの概念の多くは、今日社会学の共通財産となっている。――一例としてここでは、**パターン変数**を取り上げよう。

パーソンズは人間の行為に、どのような選択のディレンマがあるかを問題にした。パターン変数とはそれを、五組の二分法的変数＝①感情性－感情中立性、②自己志向－集合体志向、③個別主義－普遍主義、④属性主義－業績主義、⑤無限定性－限定性に定式化したものである。わたしたちが金を借りるとして、肉親から借りる場合と銀行から借りる場合を対比してみよう。当然のことながら銀行は、わたしたちの返済能力を確認した上で（のみならず担保物権を設定した上で）金を貸してくれるであろう。銀行が金を貸してくれるのは、わたしたちの窮状を察してくれたからではない。わたしたちが規定に照らして、返済能力をもつと判断したからにほかならない。肉親が金を貸してくれるのは、これとは対照的である。かれまたはかの女が返済条件も不明確なままに（通常は利息もなく）、金を貸してくれるのはなぜか。それはかれまたはかの女が、わたしたちの苦境を慮《おもんぱか》ってくれたからである。

肉親からの借金の場合そこでの相互行為は、感情的、自己志向的、個別主義的、属性主義的、無限定的な性質を示しがちであろう。これに対して銀行からの借金の場合は、感情中立的、集合体志向的、普遍主義的、業績主義的、限定的な性質を示しがちであろう。ウェーバーは（テンニースの社会類型をもとに）社会関係の二分法的変数として、ゲマインシャフトとゲゼルシャフトを提起した。パーソンズのパターン変数は基本的に、それを踏襲したものである。しかしそれを、相互行為の変数として定式化したのはかれの功績といってよい。いま一つパーソンズの大きな功績は、**医療社会学**の領野を開拓したことである。なぜパーソンズが、医療問題に関与したかについては諸説がある。ともあれかれは、医療問題に社会理論を適用した。その際一つの突破口となったのは、役割の概念である。わたしたちは前章で、「自己が他者の期待する役割を取得する」というミードの役割概念を取り上げた。

●秩序と進歩

パーソンズの役割概念はミードのそれとは、多少様相を異にしている。パーソンズは社会システムのなかで、行為者の役割が構造化していることに着目した。わたしたちは今日、さまざまな場面でさまざまな役割を演じている。たとえば社会学者の役割を問われたら、どう答えればよいのか。つねに冷徹に社会現象を分析すること、とでも答えればよいのであろうか。さてパーソンズは、この役割概念を医療問題に適用した。パーソンズはこういう。病人は「通常の社会的な役割を免除される」という、社会的役割をもつ。と同時に専門的な援助を受けつつ、健康を回復しようとすることも**病人の役割**である、と。パーソンズはまた専門的職業《プロフェッション》としての、医師の役割についても種々論じている。かくしてかれは、医師－患者関係を役割概念によって分析した。医療社会学は今日、最も活動的な社会学の領域として知られている。その開拓者の一人がパーソンズであることを、ここに明記しておきたい。

その後パーソンズは、四機能図式を採用するようになる。別名それは、**ＡＧＩＬ図式**とも呼ばれるものである。元々それは、小集団研究（ベールズとの共同研究）のなかで着想されたものである。しかし本格的に提出されたのは、『経済と社会』（スメルサーとの共著、一九五六年）においてであった。『経済と社会』はウェーバーの遺著と同名であることからしても、すこぶる意欲的な作品である。パーソンズはそこで、経済理論（経済学）と社会理論（社会学）の統合を試みた。より正確には経済理論を、社会システムの下位システムの一つ＝経済システムの理論として位置づけようとした。言い換えればそこでは、社会の一般理論の構築が目標とされた。ＡＧＩＬ図式はまさに、そのような社会の一般理論の核心部分として考案されたものである。社会学の概説書で今日、この図式を紹介するものはどれほどあるのであろうか。しかし社会学史の文脈では、それを紹介しないわけにもいかない。

パーソンズはこう説く。一般に社会システムは、（システムとして存続するために）四つの機能的要件を充足しなければならない。適応（Adaptation）、目標達成（Goal-Attainment）、統合（Integration）、潜在的パターンの維持と緊張管理（Latent Pattern Maintenance and Tension Management）の四つが、それである（この四機能は外部的－内部的、手段的－充足的という、二組の二分法的変数の組み合わせで設定される）。この四つの機能にしたがって社会システムは、四つの下位システムに機能的に分化している。A：適応機能＝経済システム、G：目標達成機能＝政治システム、I：統合機能＝統合システム、L：潜在性機能＝文化・動機づけシステムの四つが、それである。これらの下位システムはそれぞれ、さらに四機能を担う下位システムに機能分化している。たとえば……、と。このような調子で四機能図式を駆使して、社会の一般理論が果てしもなく展開されていく。

端的にいってそれが、パーソンズの社会理論の一つの到達点であった。かれの構想した一般理論は、社会学のなかで一定の影響力をもった。しかし必ずしも、社会学の隣接科学（経済学や政治学など）で影響力をもちえたわけではない。そのうちにそれは、社会学のなかでも影響力を失ってしまった。といってもかれが、偉大な社会学者の一人であったことにかわりはない。わたしたちは以下の章で、かれの理論的な後継者についても触れる機会があるであろう。元々パーソンズの社会理論は、社会構造論（コントのいう社会静学）の性質を帯びていた。しかし後年は、社会変動論（コントのいう社会動学）の性質を強めるようになる。これをかれの準拠する、システム原理の変更によって説明する論者もいる。すなわちホメオスタシス原理からサイバネティックス原理への変更が、それである。**ホメオスタシス**（「一定の状態」を意味する造語）とは生物が、一定の状態を保とうとする原理をさす。

これに対して**サイバネティックス**（「舵取り」を意味する造語）とは、生物や機械が自動制御的に目的を達成する原理をさす。たしかに前者は社会構造論と、後者は社会変動論と、それぞれ親和的である。しかしパーソンズの社会理論の変貌には、「ケーキも食べればなくなる」といった感がなくはない。――つまりは「秩序と進歩」をともに手に入れることは、ほとんどないものねだりであるということである。それは社会学の創始者、コントの創始した人類教の標語でもあったのであるが……。パーソンズは『社会類型』（一九六六年）や『近代社会システム』（一九七一年）といった著作で、独自の社会進化論を展開した。かれは社会の進化を、古代・中世・近代の三つの段階に整理する。そして現代社会についてはこう説く。アメリカとソ連はともに、（ヨーロッパに生まれた）近代社会システムの発展的形態である、と。それはまさに、ロストウ＝ベル流の収斂理論の一つの典型例である。

パーソンズの大学教員としての最後の年月は、全米で大学紛争が吹き荒れた時代であった。大学紛争はそれまでの学生運動一般とは、一風異なっていた。というのもそこでは、大学の研究や教育のありかたそのものが問題にされたからである。『近代社会システム』にはこれについての、ちょっとした分析がある。パーソンズはこういう。大学紛争は高度大衆教育時代における、学生の不安定な立場に起因している。すなわち今日の学生運動は、かつての労働運動に類比できるものである。しかし学生の立場は、(一般的な労働者の立場とは異なって)一時的なものにすぎない、と。ここでもまたかれは、あくまでも冷徹な分析家としてふるまっている。――大学紛争は社会学史の文脈でも、社会学の「既存の体制《エスタブリッシュメント》」を揺るがす出来事であった。それ以降社会学は、マルチ・パラダイム的な状況を呈することになる。わたしたちは次に、そのような状況下のアメリカ社会学を取り上げることにしよう。

10章
オデュッセウスの旅
マートン、シュッツ、ガーフィンケル、ゴッフマン、ベッカー

社会的世界の自明性を疑うことこそが、社会学の課題である。——シュッツ

●文化的左翼

就職活動の時期になるとキャンパスで、学生諸君のスーツ姿を目にするようになる。そのような服装とかれらの日ごろの服装の間には、大きな落差がある。というのも学生諸君は、日ごろ実に自由な服装をしているからである。多くの中学や高校ではいまでも、服装規定《ドレス・コード》が生きている。しかし今日の大学では、服装規定などないも同然である。それでは大学のもう一方のメンバーである、教員はどうか。漱石の小説などを読んでいると明治時代には、フロックコート（今日のモーニングコートにあたる正装）で講義をする気風があったらしい。しかし大正末期や昭和初期ともなると、教員の服装も次第に簡略化してくる。当時マルクス主義経済学者のなかには、コーデュロイ姿で講義をする教員がいたという話を読んだことがある。コーデュロイは元々、フランス宮廷に仕えた庭師の制服に由来するとのことである。その経済学者は服装で、自身の思想の何たるかを表現しようとしていたのであろう。

わたしが大学に入学したのは、昭和末期である。その一年目わたしは、科学史のM先生がブルージーンズ姿で講義されたのに驚いた。いまとなってはわたしも、ずいぶんウブであったと思うほかはない。というのもいまでは、わたし自身が同じことをしているからである。アメリカの大学に最初にブルージーンズを持ち込んだのは、学生であった。しかしやがて、教員がそれを真似し出したとのことである（E・ホブズボーム『二〇世紀の歴史』）。ここでは教員と学生の関係が、通常とは逆であることが面白い。いったい教員が、学生から学んだのは何か。端的にいってそれは、「既存の体制」への反抗であったであろう。元々どんな社会にも、服装規定がある。それが明示的に規定される場合もあれば、黙示的に規定される場合もあるとすれば。おそらく今日の大学にも、服装規定があるのであろう。ひょっとしたらそこでは、ブルージーンズ姿で講義するほうが規定に適っているかもしれない。

というのはもちろん、半分冗談である。しかし半分本気なのは、（服装の自由化とともに）思想の自由化も進んでいるからである。そのことをここでは、社会学を例にとって敷衍《パラフレーズ》してみよう。社会学界で今日、大きな陣地を獲得しつつある研究領域がある。すなわち女性、子ども、障害者、同性愛者、（在留）外国人などをめぐる研究領域が、それである。一言にしていえばそこでは、**マイノリティ**の人々のありようが問題にされている。なぜ今日の社会学が、そのような人々に関心をもつのか。今日の社会学者はこういう。従来の社会学は暗黙裏に、一つの人間観を前提としてきた。男性、大人、健常者、異性愛者、内国人などが「標準的《ノーマル》」な存在である、というのがそれである。そのなかで女性、子ども、障害者、同性愛者、外国人などは、マイノリティの位置におかれてきた、と。つまりはマイノリティの研究は、社会学の「既存の体制」に対する異議申し立てとして生まれてきた経緯がある。

社会学の枠内で社会学に異議申し立てをするのは、一つの矛盾である（それは大学の枠内で、大学に異議申し立てをした大学紛争と似ている）。しかしそれが、今日の社会学が切り開いてきた理論的地平なのである。ローティは『わたしたちの国を実現する』（一九九八年、邦題『アメリカ・未完のプロジェクト』）のなかで、今日のアメリカの左翼についても論じている。かれは左翼一般を、マルクス主義と切り離す。その上で左翼を、自由主義と結びつけようとする。つまりは資本主義体制の枠内で、広く富の再分配を志向する立場を「左翼」と規定する。その意味では「わが国」にも、確固とした左翼の伝統がある（そのような左翼の立場を確立した思想家に、ホイットマンとデューイがいる）というのがかれの見解である。もっともローティは、アメリカの左翼を称揚しようとしているのではない。――むしろそれが、「文化的左翼《カルチュラル・レフト》」の登場で変質したというのがそこでのかれの主張である。

　ローティはこういう。アメリカの左翼は従来、政治的・実践的であることを信条としてきた。しかし今日の左翼は、文化的・思索的であることを信条としている。かれらは社会の現実的な改革よりも、文化の理論的な考察を志向するきらいがある、と。わたしは今日の社会学には、多分に「文化的左翼」の傾向があると思う。社会学に元々、傍観者的な傾向があることはさきに書いた（第2章）。しかし今日の社会学が傍観者的であることには、固有の理由がある。それは今日の社会学が、社会的現実そのものを疑うところから出発するからである。言い換えればそこでは、社会的現実の存立機制が問題にされる。さきに書いたマイノリティの研究もまた、そのような関心の産物といってよい。ローティはグローバリゼーションの過程で、先進国内の人々のプロレタリア化が進行中であるという。そのような状況に「文化的左翼」がどこまで対応できるのかは、今日の社会学に突きつけられた一つの問いである。

●中範囲の理論

さて本章では、マルチ・パラダイム状況下のアメリカ社会学を取り上げる。本題に入る前に、**パラダイム**という用語について一言触れておきたい。パラダイムを「科学者集団が共有する思考の枠組み」という意味で用いたのは、科学史家のクーンである。クーンはまた一定のパラダイムの下で行われる科学的研究を**「通常科学」**、（パラダイムの転換によって）「通常科学」が世代交代することを「科学革命」と、それぞれ呼んだ（『科学革命の構造』）。パラダイム概念に依拠するクーンの科学史パラダイム（明らかにクーンのパラダイム概念自体が、一つのパラダイムであろう）は、社会学史に取り組む際にも無視できないものである。もっともクーンの議論は、自然科学史とりわけ物理学史を中心に展開されている。したがってそれを、社会科学史とりわけ社会学史に適用できるかどうかは疑問である。というのも社会学は、本来**マルチ・パラダイム**的な性格をもつように思われるからである。

たとえばデュルケームとウェーバーは、同時代の社会学者である。その際二人が、（クーンのいう）「通常科学」の担い手であったとは言い難い。パーソンズのようにデュルケームとウェーバーを、一つの理論のうちに統合しようとした猛者《もさ》もいる。かれの学派が一時、社会学界で大きな勢力を誇ったことは前章で書いた。しかしそれは、「通常科学」といえるようなものではけっしてなかった。同じことはもう一つの主要なパラダイムである、マルクス主義社会学についてもいえるであろう（が、それについて詳述する紙数はない）。これまでわたしは、社会学史を書いてきた。わたしは疑う。社会学史とは畢竟《ひっきょう》、個別的な学説や論争の集積にすぎないのではないか。すなわち社会学史という、一つの大きな物語などどこにもないのではないか、と。しかしまたこうもいえよう。それこそがまさに、社会学史である。社会学史とは「社会学」という名の、一つの巨大な闘争場《アリーナ》の歴史なのである、と。

もっともパーソンズ以降の社会学が、マルチ・パラダイム的傾向をより強めていることも事実である。そのなかでパーソンズの高弟マートンは、異色の存在である。というのもかれの社会理論は、広く社会学界に受け入れられているからである。**ロバート・K・マートン**（一九一〇―二〇〇三）はハーヴァード大学でパーソンズに学び、その後**コロンビア大学**で長く社会学を講じた。教員の移動が激しいアメリカで、大学ごとの人材について論じることの意味がどこまであるのかは分からない。ただし第二次世界大戦後、ハーヴァード大学ではパーソンズ、リースマン、ホーマンズ、ベル、ヴォーゲルなど、同じくコロンビア大学ではラザーズフェルド、マートン、ニスベット、ミルズ、ブラウ（以上、出生順）などの社会学者が活躍した。マートンはラザーズフェルドとともに、コロンビア学派の基礎を築いたといわれる。**ラザーズフェルド**は亡命ユダヤ人で、長くコロンビア大学で教鞭をとった。

まずもってラザーズフェルドは、マス・コミュニケーションの研究（とりわけ「コミュニケーションの二段の流れ」理論）で知られる。のみならずかれは、投票行動などの研究を通じて統計的な社会調査を推進した。マートンはコロンビア大学で、ラザーズフェルドと同僚であった。――マートンが提唱した**「中範囲の理論」**は、ラザーズフェルドとの交流の産物であった。ラザーズフェルドが推進した社会調査は、従来の（シカゴ学派に代表される）記述的な社会調査とは別物であった。と同時にそれは、（パーソンズに代表される）検証不能な社会理論とも一線を画するものであった。『社会理論と社会構造』（一九四九年、五七年改訂）でマートンはこういう。一般に社会理論は、**社会調査**によって検証可能な範囲のものでなければならない。それは社会事象の経験的一般化を通じて、検証可能な命題として提示されるべきものである、と。これがかれのいう、「中範囲の理論」の概要である。

ミルズはラザーズフェルドの立場を、「抽象化された経験主義」として批判した。その際ミルズは、マートンについては語っていない。しかしそれは、実際はマートンにも向けられた批判といってよい。注意すべきことはマートンとラザーズフェルドの立場が、けっして特異なものではないということである。言い換えればそれは、いまでも多くの社会学者が実際にとっている（ごくごく平凡な）立場である。その意味ではマートンとラザーズフェルドは、「通常科学」としての社会学の可能性を体現する人物でもある。『社会理論と社会構造』でマートンは、デュルケーム、ウェーバー、パーソンズなどの社会理論を継承しつつ、独自の社会理論を展開した。たとえば（アノミー状況の下での）逸脱行動、官僚制の逆機能（順機能に対する概念で、システムの目標実現を妨げる場合をいう）、潜在的機能（顕在的機能に対する概念で、行為の「意図せざる効果」をいう）などの理論が、それである。

●現象学的社会学

マートンはまた「トマスの公理」を継承して、「予言の自己成就」という概念を提示した（第8章参照）。これらはいずれも、今日の社会学の共有財産となっている。いま一つ落とせないのは、マートンが**科学社会学**の創始者と目されることである。かれはそれを、知識社会学の一部門として構想した。すなわち科学は、社会的文脈のなかの一つの知的営為であるというのがかれの立場である。これに関連してかれは、**「マタイ効果」**という概念を提起した。新約聖書の『マタイによる福音書』でイエスはこういう。「もっている者はますます豊かになり、もっていない者はますます貧しくなる」。マートンはこれを、学界の報賞体系や階層分化に援用した。つまりは学界にも、知的な資産階級と無産階級が存在するということである。マス・メディアに登場する学者は、有名大学の教員である場合が多い（と、わたしは実感する）。もしそれが事実であるとすれば、「マタイ効果」の一つの表れなのかもしれない。

アルフレッド・シュッツ（一八九九―一九五九）はパーソンズよりも三年早く生まれ、二〇年早く亡くなった。シュッツは一九六〇年代以降の社会学界の、最大の人気者《スター》の一人である。そのときにはかれは、もう鬼籍に入っていたのであるから不思議な話である。シュッツはオーストリアに生まれ、金融機関に勤務するかたわら学究生活を送った。フランスの歴史家アリエスもまた、調査機関に勤務するかたわら歴史研究を行った。アリエスの自称「日曜歴史家」を借りていえば、シュッツは「日曜社会学者」であったことになる。オーストリア時代にシュッツは、『社会的世界の意味構成』(一九三二年)を刊行した。これはかれが、生前に刊行した唯一の著作である。シュッツはそこで、ウェーバーの「理解社会学」(とりわけ「理解社会学」の方法としての、「理念型」)を哲学的に基礎づけようとした。ウェーバーが人々の行為を理解することに、社会学の課題をおいたことはさきに述べた(第7章)。

シュッツはそれが、哲学的な基礎づけを欠いているという。たとえばかれは、こう問う。はたして自己は、(行為者や観察者として)他者の行為の意味を理解しうるのか、と。一般にこれは、哲学上の難題の一つにあたる。つまりは「他人の心は分かるのか」、という問いがそれである。必ずしもウェーバーは、そのような問いに踏み込んでいない。つまりは「社会的世界」の存在を前提にして、社会学的考察を展開しているにすぎない。これに対してシュッツは、そのような「社会的世界」の存在そのものを問題にしようとする。つまりは「社会的世界」が、間主観的にどのように構成されるのかを問題にしようとする。たしかにそれは、一つの問題提起として意味をもつ。しかし社会学的に有意味な問いであるのか、ということについては当初から疑問があった。(シュッツが『構造』を批評したことが機縁で)一九四〇年から翌年にかけてシュッツとパーソンズの間で、往復書簡が交わされる。

その往復書簡は後年、一冊の書物となった（邦題『社会的行為の理論論争』）。今日それを読むと、二人の社会学観の相違は明瞭である。パーソンズはこういう。シュッツは自分が扱っていない、哲学の問題を扱っている。要するにシュッツと自分は、同じ土俵の上で相撲をとっているのではない、と。それでは哲学的には、シュッツの議論はどう評価されるのか（それは社会学史を主題とする、本書の範囲を超えているが）。おそらくかれが、さきの哲学上の難題に最後の断案を下したという評価はないであろう。しかしかれが、一つの社会学的地平を開いたことは認めなければならない。それはさきに書いた、「社会的世界」の存在そのものを問題にする領域である。社会がいかにして社会であるのか、を問題にする領域と言い換えてもよい。シュッツ以降それは、多くの社会学者が関与する問題領域となった。その開拓者といってよいシュッツ本人は、その問題にどのような答案を書いたのか。

一般にシュッツは、フッサールの現象学を社会学に応用したといわれる。――そこからかれの社会学は、**現象学的社会学**と呼ばれる。遺憾ながらここで、フッサールの現象学に立ち入ることはできない。しかしフッサールが、①日常的世界の構成を超越論的（先験的）に問題にしたこと、②そのような方法を現象学的還元（「括弧《かっこ》に入れる」）と呼んだことなどは確認されてよい。それではシュッツは、他者理解の可能性についてどう考えたのか。シュッツはこういう。他者理解は本来、（他者を理解しようとする者の）自己解釈の上にある。すなわち自己は、他者を（「かれら」の範疇におきつつ）客観的に解釈するのである、と。したがって自己と他者の間には、コミュニケーションの断絶があるというのがシュッツの基本的な社会観なのであろうと思う。しかしシュッツは、こうもいう。わたしたちは「わたしたち」という関係のなかで（のみ）、相手を主観的に理解することができる、と。

●エスノメソドロジー

たとえば学者の一団が、「わたしたち」の関係に立ったとしよう。その際それを、「学派」と呼ぶこともできる。しかしそれは、各人各様の自己解釈の産物かもしれない。（ナチスによるオーストリア併合を機として）一九三八年から翌年にかけてシュッツは、フランス経由でアメリカに亡命する。つまりはラザーズフェルドと同じく、亡命ユダヤ人の境遇に身をおくことになる。それ以降シュッツは、（社会学の哲学的基礎づけではなく）社会学そのものに関心を移すようになる。具体的には**レリヴァンス**（人々の関心を方向づける基準のことで、「関連性」とも訳される）の概念を中心に、日常的世界がどのように構成されているかを明らかにしていく。一般にシュッツの支持者《ファン》は、こちらの関心を共有している（かれの学説はまさに、一つの「学派」をかたちづくったわけである）。たとえば（多元的現実の理論を継承した）バーガーのカオス／ノモス／コスモスの理論は、その代表例である。

わたしたちはさきに、一九四〇年代のシュッツとパーソンズの論争を取り上げた。一九六〇年代以降現象学的社会学は、社会学の一つのパラダイムとしての地位を固めていく。面白いことにそれに呼応する運動が、パーソンズの門下からも生まれてくる。――ガーフィンケルによる**エスノメソドロジー**の創建が、それである。**ハロルド・ガーフィンケル**（一九一七―）は一応、パーソンズの門弟として知られている。しかし門弟といっても、まったく異色の存在といわねばならない。元々かれは、会計学を専攻していた。しかし社会学に関心をもつようになり、知的遍歴を重ねた。当時かれは、すでに（パーソンズは当然のこととして）シュッツの著作にも親しんでいたという。第二次世界大戦での軍務を経てパーソンズの門を叩いたときには、三〇歳に近かった。前章でも書いたようにパーソンズは、当時システム理論を構想中であった。と同時にかれの学派は、社会学界を席捲する勢いであった。

そのなかでガーフィンケルは、いかなる関心をもっていたか。一面ではかれは、パーソンズが提起した「ホッブズ問題」に関心をもっていた。つまりは社会的な秩序はいかにして可能か、という問題がそれである。しかしそれに、（パーソンズ流ではなく）シュッツ流に取り組もうというのがガーフィンケルの立場であった。かれが新しいパラダイムの創始者である限りは、そう驚くべきことでもない。しかし世間的な師匠と弟子の関係からいえば、はなはだ大胆な立場といわねばならない。にもかかわらずガーフィンケルが、博士号を取得できたことが興味深い。パーソンズは教師としても、有能な人物であったらしい。『社会理論と社会構造』でマートンは、旧師のパーソンズに謝辞を述べている。かれの教師としての才能は従順な弟子を育てることではなく、学問的熱意をかき立てることにある、と。その有能な教師から生まれた不従順な弟子の一人が、ガーフィンケルということにもなろう。

　ガーフィンケルは長年、カリフォルニア大学ロサンジェルス校（ＵＣＬＡ）で社会学を教えた。「エスノメソドロジー」という言葉をかれが使い始めたのは、一九五〇年代の半ばである。ガーフィンケルは陪審員の審議過程を分析するなかで、かれらが固有の方法を使っていることに着目した。それはまさに、「適正」に審議するということにほかならない。そこからかれは、「人々が日常的に使っている方法」をエスノメソドロジーと呼んだ。やがてそれは、エスノメソドロジーを研究する学派の呼称ともなった。エスノメソドロジーは伝統的な社会学と、自らをどう差別化するのか。それはいう。エスノメソドロジーは人々の日常的な活動を、ありのままにとらえる（このような学問的態度をガーフィンケルは、エスノメソドロジー的無関心と呼ぶ）。するとそこに、人々が自発的に作り上げている秩序が見えてくる。それは伝統的な社会学が、理論的に対象に接近してきたことと区別される、と。

　エスノメソドロジーが重視した素材に、**日常的な会話**がある。とりわけガーフィンケルは、「説明責任（accountability）」に着目する。たとえばわたしは、ここで「エスノメソドロジーの何であるか」について書いている。それをいま（わたしの執筆時からのちに）、読者各位にお読みいただいているわけである。読者各位に「エスノメソドロジーの何であるか」がご理解いただければ、わたしの「説明責任」は果たされたことになる。そのためにはまず、ここでの記述（難度や例示を含む）が「適切」である必要がある。と同時に読者各位に、それを「適切」に理解していただく必要がある。実は書物は、そのような読者と著者の協力関係の上に成り立っている。わたしたちは無自覚のうちに、そのようなコミュニケーションをしていると言い換えてもよい。それはまさに、エスノメソドロジーが問題にする会話の一種である。もっとも人々の作り上げる秩序が、つねにそう美しいわけでもない。

●ミクロ社会学

エスノメソドロジーは人々の活動が、①個々の文脈に依存するとともに、②その文脈のなかで次々と再生産されていくととらえる。エスノメソドロジーが関与する主題の一つに、マイノリティの問題がある。そこではかれらが、どのような文脈のなかで生存しているかが基本的な関心事となる。もっともマイノリティを差別する（マジョリティの）側も、固有の文脈を有している。ここでエスノメソドロジーは、一つのディレンマに陥るであろう。ありのままの人々の会話に耳を傾けるのであれば、話はそこまでである。それはマイノリティ差別の解消について、何ら寄与するものではないであろう。しかし憎まれ口を叩くのは、このくらいにしておこう。ガーフィンケルとかれの同調者は一貫して、人々の日常的な活動を凝視する。これは「野外の研究者」としての、シカゴ学派の学風を継承するものである。と同時にそれは、シュッツや（以下の）ゴッフマン、ベッカーにも共通する学風である。

つまりは「神は細部に宿る」というのが、かれらの信条なのである。――そのような立場をさして、**ミクロ社会学**（マクロ社会学と対置される）という場合がある。おそらくミクロ社会学の大先《せん》達《だつ》は、ジンメルなのであろう。そしてゴッフマンは、その代表的な後継者である。**アーヴィング・ゴッフマン**（一九二二―八二）はカナダ出身で、シカゴ大学で学んだ。その後は母校を離れて、カリフォルニア大学バークリー校（UCB）、ペンシルヴァニア大学などで教えた。ゴッフマンの理論的関心は最初の著書『行為と演技』（一九五六年）に、明瞭に示されている。①人々は対面的な相互行為において、さまざまな演技をしている、②そのようなミクロの状況を精密に分析することは、一つの社会学的課題であるというのがそれである。その際かれは、「状況の定義」をめぐるトマスの議論に依拠している。すなわち自分の演技は、「状況の定義」を相手に呈示する機能をもっているというのである。

たとえば客が訪ねてきたとき、大事な客には酒を、普通の客には茶をふるまう習慣があったとしよう（実際ゴッフマンが現地調査をした、スコットランドのシェットランド諸島でそうであったという）。この場合何をふるまわれるかは、客にとって重要な記号的意味をもつ。さてゴッフマンは、数々の造語を駆使した社会学者としても知られる。そのなかで最も通用している概念の一つが、「**儀礼的無関心**（civil inattention）」である。今日でも「目が合った」ことを理由に、言いがかりをつけられる場合がある。このような危険を回避する方策が、「儀礼的無関心」である。まさしくそれは、他人をじろじろと見ないことをさす。ゴッフマンはこういう。そう演技することでわたしたちは、「相手を疑ったり、恐れたり、嫌ったりしていない」ことを表現している、と（『集まりの構なっている。

造』）。わが国でもそれは、公共の空間（駅、電車内、レストランなど）における基本的なマナーと

ゴッフマンは一九五四年から三年余り、アメリカ国立精神衛生研究所（ＮＩＭＨ）の客員研究員であった。この間かれは、病院環境に関する研究に従事した。五五年から一年間は、ワシントンＤＣの聖エリザベス病院で現地調査を行った。調査の目的は「精神病院の入院患者の世界をありのままに知る」ことであったので、（レクリエーションの研究者との触れ込みで）体育指導者の助手に扮した。かれは書いている。わたしは職員と交わらず、鍵も持ち歩かず、患者たちと終日時を過ごした、と。それは古典的な参与観察にして、エスノメソドロジー的実践ということになるのであろうと思う。調査の目的は当然、病院の管理責任者には知られていた。しかし職員や患者が、それを知らされることはなかった。なお調査結果の公表に際しては、（病院側の点検を受けて）国立精神衛生研究所が最終的な検閲権をもつことになっていた。こうして生まれた作品が、『アサイラム』（一九六一年）である。

元々asylum（ドイツ語のAsyl）は、（犯罪者や債務者の）「避難所」という意味である。しかしまたそれは、（障害者や困窮者の）「収容所」という意味をもつ。ある意味では「避難所」と「収容所」は、表裏一体のものと見ることができる。それでは「収容所」のメンバー自身は、それをどうとらえているのであろうか。『アサイラム』でゴッフマンは、**「トータル・インスティテューション」**という概念を提起した。それは被収容者が、①相当の期間、②社会的に隔絶された空間で、③

トータルに管理された生活を送る施設をいう。具体的には（各種の）収容所、刑務所、療養所、寄宿舎、修道院などが、それにあたる。このような施設では被収容者は、がんじがらめに縛られた生活を送っているように推察される。しかしゴッフマンは、精神病棟の裏側をつぶさに観察した上でこう説く。実際には入院患者は、（時として公式の規則に反する）さまざまな非公式の調整を自ら行っている、と。

●ラベリング理論

たとえば植え込みの陰で、こっそり飲酒するといったことがそれである。それを職員も、見て見ぬふりをする「美風」があるというのも興味深い。つまりは「収容所」のなかには、それなりに「避難所」が作り出されているということでもあろう。さて最後に、『スティグマ』（一九六三年）を取り上げよう。本来 stigma とは、犯罪者や隷属者に押された烙印のことである。もちろんそれは、かれらが「社会的に穢《けが》れている」ことを明示するためのものであった（もっともキリスト教の文脈では、stigma は「聖痕＝イエスが磔刑《たっけい》で受けた傷」を意味する）。ゴッフマンはこれを、社会学の用語として再規定した。かれはこう説く。一般に**スティグマ**とは、「社会の正規のメンバーとして望ましくない特性」をさす。たとえば大卒が幅を利かせる職場で、「非大卒」は一つのスティグマとなりうる、と。このように社会のメンバーは、つねにスティグマを負う者と負わせる者に二分されている。

要するに社会は、日常的な差別の上に成り立っているというのがかれの社会観である。たしかにそれは、差別問題の解明には資するものであろう。しかしそれは、典型的な「文化的左翼」のスタイルといわねばならない。——同じことはベッカーを主唱者とする、**ラベリング理論**にもあてはまる。**ハワード・S・ベッカー**（一九二八―）はシカゴで生まれ育ち、シカゴ大学で学んだ。ゴッフマンとは（ゴッフマンのほうが六歳年長であるにもかかわらず）在籍期間が、ほぼ重なっている。その後は母校を離れて、ノースウェスタン大学、ワシントン大学、カリフォルニア大学サンタバーバラ校（UCSB）などで教えた。『アウトサイダーズ』（一九六三年）はかれの最初の著書であるとともに、主著でもある。その冒頭ベッカーはこういう。集団Aが A の規則に違反したとして、集団Bをアウトサイダーと判定したとしよう。しかしBのほうでも、Aをアウトサイダーと判定しているかもしれない、と。

ここでかれがいうのは、アウトサイダーの概念が相対的なものであるということである。その著作でベッカーは、「逸脱」が一つの**レッテル**（オランダ語に基づく言葉で、ラベルと同じ）であるという。つまりは「逸脱行動」は、規則に違反する行動ではなく、「規則に違反した」とレッテルを貼られる行動であるというのである。これは逸脱行動に関する、一つのコペルニクス的転回といわねばならない。というのもこれまでは、法の目をくぐり抜ける者が「逸脱者」と理解されてきた。しかし法の目そのものが、「逸脱者」を生み出しているというのであるから。いったん「逸脱者」のレッテルを貼られると、その後どうなるのか。ベッカーは犯罪者を例にとってこういう。一度犯罪に手を染めると、「犯罪者」のレッテルを貼られる。つまりは周囲から、「あいつはまたやるかもしれない」と思われる。それが誘因で再犯に及び、挙げ句の果てに組織的な犯罪集団に入る者もないではない、と。

これはマートンのいう、「予言の自己成就」そのものである。ベッカーはアウトサイダーとして、マリファナ使用者とジャズ・ミュージシャンを分析している。マリファナ使用者についてはこういう。一般には動機があって、行動が生まれると理解されている。しかしここでは、行動によって動機が生み出される、と。マリファナ使用者はマリファナ使用者の集団のなかで生み出される、というのがそこでのかれの指摘である。ジャズ・ミュージシャンについてはこういう。かれらは世間から、アウトサイダーのレッテルを貼られがちである。しかしジャズ・ミュージシャンは、ジャズこそが「唯一の音楽」と信じている。かれらにとっては世間の連中こそが、アウトサイダーである、と。もっともジャズ・ミュージシャンは、世間の人々とどう折り合いを付けるかというディレンマに直面する。これは世間の人々が、ジャズ・ミュージシャンとどう折り合いを付けるかということとパラレルである。

なおベッカーは、学生時代からジャズ・ミュージシャンとしても活動してきたことを付記する。その後ラベリング理論の延長線上で、社会問題への構築主義的なアプローチが唱えられる。その主唱者J・I・キツセとM・B・スペクターは、**社会問題**をこう定義する。社会問題とはある状態について、「問題がある」と異議申し立てをする人々の活動である、と（『社会問題の構築』）。このようなパースペクティヴの下では社会問題は、社会的に構築されるものになる。そして異議を申し立てる側と申し立てられる側のそれぞれが、その問題をどうとらえているかが重要になる。たとえばセクシャル、パワーなどのハラスメントの問題は、そのような文脈で扱うのに適している。それについてここで、何の異論もない。しかし社会構築主義は、社会学の現在を鋭敏に物語っているようにも思う。ローティの表現を借りればそこでは、金銭よりも侮辱が、法律よりも文化が考察の対象となるのである。

マルチ・パラダイム状況下のアメリカ社会学といってもここでは、その一端に触れたにすぎない。と同時に（マートンをパーソンズとの緩衝材《バッファー》として）シュッツ、ガーフィンケル、ゴッフマン、ベッカーの四者には、一つの共通項が見いだせるようにも思う。それは四者が、社会的世界の現実を疑うところから出発していることである。言い換えれば「社会はどう構成されているか」が、かれらの社会学の中心的な主題となったということである。その際かれらは、伝統的な社会学の土台を見事に掘り崩した。その結果わたしたちが、オデュッセウスの旅をすることになったのは皮肉である。長い苦難の末に社会学者が、故郷にたどり着く日は来るのであろうか。――シカゴ学派やパーソンズの登場によって社会学の中心地は、ヨーロッパからアメリカに移った。しかし一九六〇年代以降、再度揺れ戻しが生じる。わたしたちは次に、そのような復興期のヨーロッパ社会学を取り上げることにしよう。

11章

シシュポスの石

ハーバーマス、ルーマン、フーコー、ブルデュー、バウマン

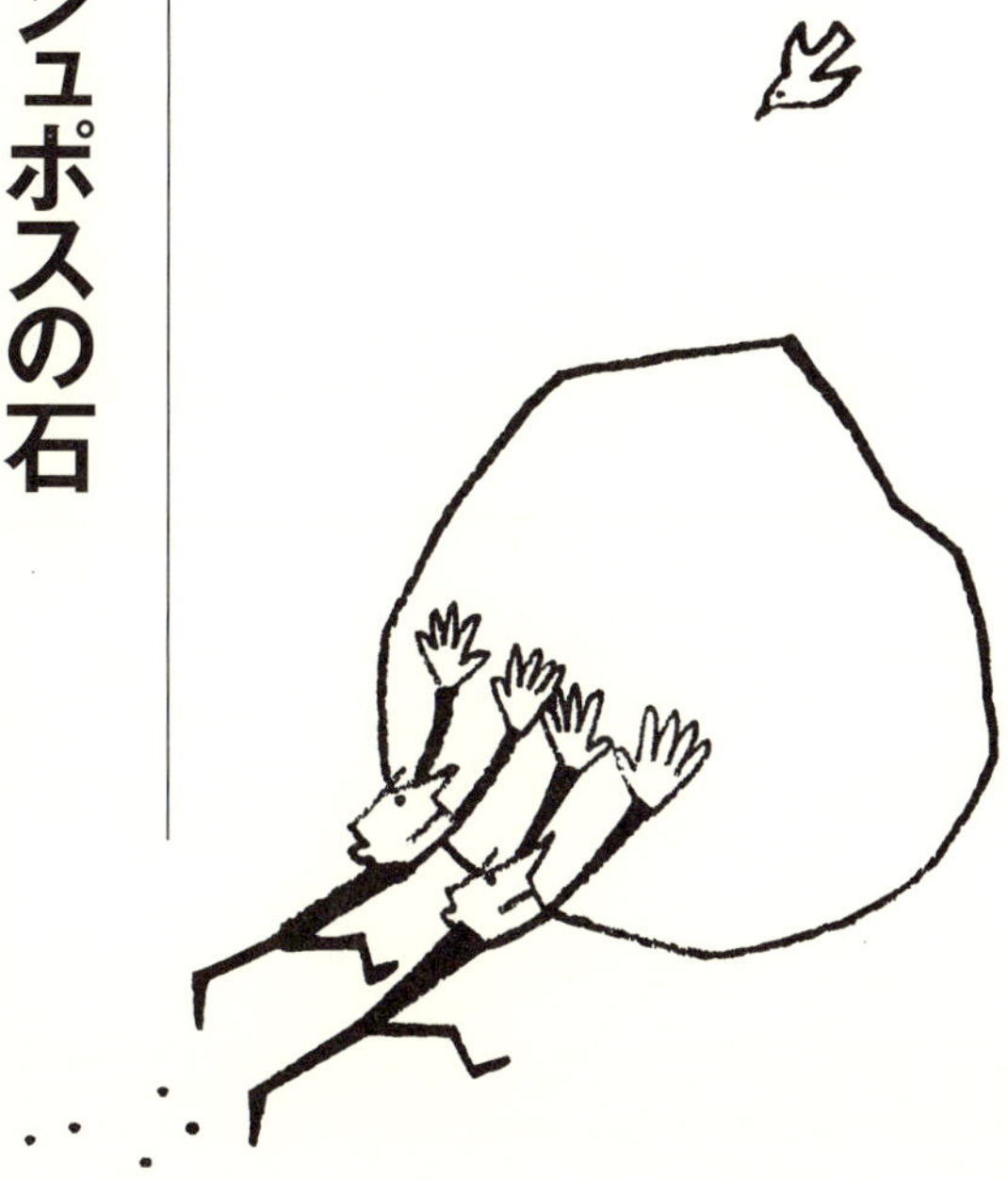

観察者にとっては自分自身も、観察の対象の一つである。

——ルーマン

●鏡に映った自分

チャップリンの『ニューヨークの王様』は一九五七年に、イギリスで公開された。しかしアメリカで公開されたのは、一九七六年のことである。アメリカ公開が二〇年近くも遅れた理由は、実に簡明である。アメリカ人にとってそれが、愉快な映画ではなかったからである。ヨーロッパのエストロヴィアの国王が革命のために、アメリカに亡命する。ニューヨークのホテルに落ち着いた王様の目に、アメリカ社会はどう映ったのか。直截《ちょくせつ》にいってそれは、喧噪に満ち、品位を欠いた社会として描かれる。言い換えれば「貴族社会」の対極としての、**「大衆社会」**の様相がそこにある。当初王様は、「大衆社会」を避けている。しかし(首相に金を持ち逃げされて)一文無しになったことで、それに関わらざるをえなくなる。すなわち有名人《セレブリティ》として、テレビのCMに出演するようになる。王様は小学校を訪問した際に、ルパートという少年と知り合う。かれは一〇歳にして、マルクスの著作を読んでいる。

ルパートは両親が共産党員だという理由で、非米活動委員会の訊問を受ける。王様もまたルパートとの関係を問われて、委員会に召喚される。一九四〇年代後半から五〇年代前半のアメリカでは共産主義者を、社会的に指弾する運動(いわゆる赤狩り)が盛んであった。その中心的な指導者(共和党上院議員のマッカーシー)の名をとってそれは、マッカーシズムとも呼ばれる。非米活動委員会は連邦議会で、マッカーシズムを推進した機関である。実はチャップリン自身が、マッカーシズムと関わりをもっている。イギリス生まれのかれは一九一〇年代に、ハリウッドに進出した。その後の「喜劇王」としての成功については、ここで断るまでもない。一九五二年かれは、(イギリス旅行の際に)事実上の国外追放処分になる。その背景にはかれを、「容共的」とするマッカーシズムの高揚があった。したがって『ニューヨークの王様』は、チャップリン本人の不愉快な経験に基づく作品であった。

『独裁者』でナチズムを諷刺したチャップリンは、今度はマッカーシズムを諷刺したというわけである。この間かれが、アメリカからヨーロッパに移住しているのも興味深い。ヨーロッパの社会学者のアメリカ社会への関心は、社会学の歴史と同程度に古いといってよい(たとえばトクヴィルが『アメリカのデモクラシー』を著したのは、コントによる社会学の創生とほぼ同時代である)。その際ヨーロッパの社会学者の、アメリカ社会への関心の中心は何であったか。ここではオルテガの『大衆の反逆』(一九三〇年)を範例として、その「理念型」を抽出したい。オルテガがそこで、「大衆社会」批判を展開したことはつとに知られている。(エリートと対置される)大衆が社会的権力を握りつつある、というのがそこでのかれの「大衆社会」批判であった。これに関連してかれはこういう。「大衆社会」を生み出した原理が、二つある。一つは民主主義であり、いま一つは産業主義である、と。

したがって「大衆社会」とは、「近代社会」とほとんど同義であるということになる。「近代社会」の本家本元は当然、ヨーロッパである。しかし今日、その焼き直しともいうべき社会が生まれている。アメリカとソ連（ロシア）がそれである、とオルテガは説く。ソ連のことはひとまず、横においておこう。「近代社会」の実験室としてのアメリカ、という発想はヨーロッパの社会学者に広く見られるものである。この場合アメリカは、かれらにとっていかなる意味をもったのか。——おそらくかれらは、そこに鏡に映った自分の姿を見てきたのであろう。『ニューヨークの王様』は王様が、ニューヨークを発《た》つ場面で終わっている。王様は王妃のいる、パリに行くことになっている。といってもそこに、「大衆社会」と別個の社会が待っているはずはない。「大衆社会」もしくは「近代社会」で生きていくということは、今日わたしたちが捕らわれた「鉄の檻」（ウェーバー）であるからである。

とはいえ社会学史の文脈で、ヨーロッパ（を拠点とする）社会学の固有のパースペクティヴは注目されてよい。『大衆の反逆』でオルテガは、ヨーロッパ連合を構想している。この構想はけっして、夢想には終わらなかった。一九八九年の東欧革命と九一年のソ連崩壊を経て世界は、冷戦終結後の時代に入った。そのなかでヨーロッパ諸国が、EU統合を順次進めてきたことはご承知の通りである。一面ではそれは、ヨーロッパ域内でのグローバリゼーションを志向する動きであろう。と同時にそれは、世界的なグローバリゼーションに対抗する動きといってもよい。ヨーロッパは元々、セム語の「日の沈む地」に由来する言葉らしい。はたして「ヨーロッパ社会学」という括《くく》りに、どれだけの意味があるのかは分からない。しかしとりあえずは、こういっておこう。古代ギリシア＝ローマ以来の歴史的なパースペクティヴの下で、「近代社会」をとらえようとするのがヨーロッパ社会学である、と。

●批判的社会理論

ヨーロッパ社会学を主導してきたのは、ドイツ、フランス、イギリスの三カ国の社会学者である。本章では一九六〇年代以降活躍した、これら三国の社会学者(ドイツから二人、フランスから二人、イギリスから一人)を取り上げることにしたい。このうちルーマン、ブルデュー、バウマンは社会学者、ハーバーマス、フーコーは哲学者、とそれぞれ類別されるのが普通である。しかしかれらに、無理から社会学者や哲学者のワッペンを付けることもない。というのもかれらは、総じて学問的な越境者であるからである。**ユルゲン・ハーバーマス**(一九二九―)はドイツのデュッセルドルフに生まれ、ヒトラー政権下で少年時代を過ごした。ボン大学で博士号を取得後フランクフルト大学社会研究所で、アドルノの研究助手となった。同研究所は一九二三年に設立され、一九三〇年以降ホルクハイマーが指導者となった。ヒトラー政権下ではメンバーの多くが国外亡命に追い込まれ、五一年に再建された。

初期のメンバーにはホルクハイマーのほか、ベンヤミン、ウィットフォーゲル、マルクーゼ、フロム、アドルノなどがいる。一般に**フランクフルト学派**とは、この第一世代をさす。といってもかれらの立場を、一言で概括することは難しい。あえていえばこうなる。柔軟な(教条的でない)マルクス主義に依拠しつつ、「近代社会」のありようを批判的に分析したのがフランクフルト学派である、と。――そのような文脈でかれらの立場は、**批判的社会理論**と呼ばれる。さてハーバーマスは、一九五六―五九年、六四―七一年、八三―九四年の三度フランクフルト大学に在籍した。ということからかれは、フランクフルト学派の第二世代と呼ばれる。あるいはまたかれの立場自体が、批判的社会理論と呼ばれる。『公共圏の構造転換』（一九六二年、以下『転換』と略記）はかれの最初の著作にして、かれの立場をよく表している。まずもってそこで、**公共圏**（Öffentlichkeit）といわれるのは何か。

公共圏ないしは市民的公共圏は、市民たちの「理性的な討議の場」をさす。そのような討議はイギリスやフランスやドイツで、①最初は文芸の領域で始まり（文芸的公共圏）、②やがて政治の領域に広がっていった（政治的公共圏）とハーバーマスはいう。そしてそれが、どのように変遷していったのかということがそこでの主題である。いったいどれくらいの人々が、そのような討議に参加できたのかという疑問がある。つまりはそれが、万人に開かれていたとはとうてい思えない。さらにまた人々の利害や意見の対立が、そのような討議で調停されるのかという疑問もある。すなわちそれで、「ホッブズ問題」が解決できるともけっして思えない。しかしハーバーマスは、それにこう応じるのではあるまいか。そのような討議が人々の間で、継続的に行われていくことが重要である。それがまさに、「近代」の理念である、と。このような主張は一貫して、かれの社会理論の基調をなすものである。

主著『コミュニケーション行為の理論』（八一年、以下『理論』と略記）の基調をなすのも、そのような主張である。パーソンズの『構造』と同じく『理論』もまた、一つの社会学史の著作として味読できる。というのもそこでは、ウェーバー、ルカーチ、アドルノ、ミード、デュルケーム、パーソンズ、マルクスなどの社会理論が次々と料理されていくからである。そこでのハーバーマスの関心はウェーバーやパーソンズと同じく、行為理論にある。とりわけ道具的行為と区別される、**コミュニケーション行為**に関心の中心はある。かれはこういう。道具的行為が（道具的理性に導かれた）成果志向的な行為であるのに対して、コミュニケーション行為は（対話的理性に導かれた）了解志向的な行為である。人々が言語を通じて、相互に（理論的、道徳的、審美的）妥当性を要求し合い、了解し合う行為がそれである、と。生活世界は本来、このような対話的行為によって成り立つべきものである。

しかし今日、（官僚制的なシステムによる）**生活世界の植民地化**が進行しているとかれは説く。したがって『転換』から『理論』を通じて、ハーバーマスの立場は一貫している。①本来「近代社会」は、理性的な討議によって編成されるべきであり、②そうでない状況は「近代社会」の名において、批判されるべきであるというのがそれである。「近代・未完のプロジェクト」（八〇年）という講演でハーバーマスは、近代主義あるいは啓蒙主義の今日的な可能性について語っている。その際かれは、近代主義に敵対する「保守的」立場が三つあるという。すなわち反《アンチ》近代主義、前《プレ》近代主義、後《ポスト》近代主義の三つが、それである。ここで近代主義とそれに敵対する三陣営の、それぞれの陣容を紹介することは差し控える。ただしハーバーマスが、近代主義の驍将《ぎょうしょう》として自ら名乗りを上げていることは注目される。実際かれは、冷戦終結の前後を問わず左翼陣営の中心的な理論家の一人であり続けている。

●社会システム理論

ハーバーマスは生涯を通じて、数々の学問的論争を行っている。そのなかでここでは、H・アルバートとの実証主義論争とルーマンとの社会システム論争を取り上げよう。**実証主義論争**はアドルノとポパーの論争に始まり、それがハーバーマスとアルバートの論争に引き継がれるという経過をたどった。ポパーやアルバートはこういう。合理的な相互批判によって漸進的に真理に接近することが、科学者の任務である、と（一般にかれらの立場は、批判的合理主義と呼ばれる）。この場合実証主義の場合と同様、主観と客観、事実と価値、理論と実践は分析的に区別されている。これに対してアドルノやハーバーマスは、（批判的社会理論に依拠しつつ）それらの分離を拒否する。ここには社会学史を通じて、度々繰り返されてきた論争の再現がある。それでは実証主義論争に続く、**社会システム論争**では何が問われたのか。ということでハーバーマスの新たな論敵となった、ルーマンに話を移そう。

ニクラス・ルーマン（一九二七―九八）はドイツのリューネブルクに生まれ、フライブルク大学で法学を学んだ。西ドイツの行政機関などに勤務するうち一九六一年から二年間、アメリカに留学した。その際ルーマンは、パーソンズの下で学んでいる。その後学界に身を投じ、六八年から九三年までビーレフェルト大学で社会学を講じた。六七年の講演「社会学的啓蒙」でルーマンは、社会学が固有の啓蒙活動に従事すべきであると説く。といってもそれは、ハーバーマス流の（理性的な）啓蒙ではない。ルーマンはこういう。「啓蒙の啓蒙」つまりは啓蒙の限界をはっきりさせることが、**社会学的啓蒙**である、と。かれはそこで、世界の複雑性から出発する。本来社会システムは、世界の複雑性を把握し、縮減する機能をもつ。――それと同等の責務を負うのが、自身の提唱する社会学＝社会システム理論であるというのである。いったいそれは、パーソンズ流の社会システム理論とどう異なるのか。

パーソンズの構造－機能分析に対してルーマンは、機能－構造分析を提唱する。文字通り構造が機能に先立つのではなく、機能が構造に先立つというのがルーマンの立場である。そのことは**「複雑性の縮減」**という、ルーマンの社会学の中心的概念によく示されている。パーソンズは自他の相互作用が（自分の行為が他者の行為に依存し、他者の行為もまた自分の行為に依存するという）二重の意味で不確実であることを、**ダブル・コンティンジェンシー**と呼んだ。その解決策をパーソンズは、自他が価値を共有していることに求めた。これに対してルーマンは、自他の行為の不確実性が自他の相互作用の創発の前提であるとする。つまりは「複雑性の縮減」を通じて、社会的な秩序が創発されるというのである。たとえば信頼関係は、そのような秩序の一種である。信頼とは他者の行為が不確実な状況において、（突き詰めれば不確実な）他者の行為の期待の上で自己の行為を選択することをいう。

信頼関係は「複雑性の縮減」を通じて、複雑な社会生活を支えているというのである（『信頼』）。さてルーマンの社会システム理論は、主著『社会システム』（一九八四年、邦題『社会システム理論』）に概括されている。ルーマンはそこで、システムをどう規定するのか。①一般に世界は、システムと環境に区分される（世界には多種多様なシステムがあり、それぞれのシステムが自らにとっての環境をもつ）、②システムは自らの作動《オペレーション》で、自らをシステムとして作り上げている（システムは自らの再生産を通じて、システムと環境の差異を再生産している）というのが、そこでの概括的規定である。この後段の特性は一般に、システムの**自己準拠性**（原語はself-referenceで、自己言及性とも訳される）と呼ばれる。ルーマンはそれを、生物学のオートポイエーシス原理から学んだ。**オートポイエーシス**（「自己創出」を意味する造語）とは生物が、つねに自分自身を再生産し続ける原理をさす。

このようなシステム概念の下では観察者も、世界のなかにおかれる。すなわち観察者自身も、かれまたはかの女の観察対象となる。これに類する発想が従来の社会学のなかに、まったくなかったわけではない。たとえばマンハイムは、（マルクス主義のイデオロギー概念を批判しつつ、イデオロギー批判者は）自分自身のイデオロギー性をも批判しなければならないと説いた（『イデオロギーとユートピア』）。その際かれは、自己準拠的な発想に立っていた。しかし自己準拠性が社会学の中心的な課題となったのは、ルーマン以降といってよい。社会学史の文脈ではそれは、どのような思想的意味合いをもつか。ハーバーマスはルーマンの社会システム理論が、テクノクラート的な現状維持の理論であるという。それはまさに、典型的なイデオロギー批判である。しかしルーマンの社会システム理論が、(一個の科学システムとして) 社会の自己創出に影響を及ぼす可能性をもつことも事実である。

●パノプティコン

というのもそこでは、理論的であることは実践的であるからである。わたしたちにはもはや、観察者として特権的に保障される地位はない。それが自己準拠性を前提とする、社会学の今日的様相かもしれない。ルーマンは社会システムの要素を、(人間でも行為でもなく) コミュニケーションにおく。そしてコミュニケーションは、それ自体自己準拠的な過程であるという。そのようなコミュニケーション過程が (社会システムあるいは社会システムが機能分化した下位システムにおいて) どのように編成されているかを問題にするのが、かれにとっての社会学であった。そこから一般理論に加えて、多彩な個別研究 (法、権力、宗教、エコロジー、愛、経済、科学、近代、芸術、政治、教育など) が生まれた。ルーマンはまさに、社会学のパラダイム転換を企てた。これによって伝統的な社会学は、大きな打撃を受けた。しかし今後の社会学がどう推移していくかは、いまのところ何ともいえない。

自己準拠性とともに今日の社会学の中心的な課題の一つに、**権力**がある。一般に権力は、AがBの行為の自由を制限する能力として理解されてきた。ウェーバーは権力の行使＝支配が、正当化を必要とすることを問題にした（『支配の諸類型』）。ルーマンは権力を、（真理や貨幣と同じく）コミュニケーションの媒体としてとらえた。その際権力は、社会の複雑性を縮減する機能をもつというのがかれの関心であった（『権力』）。独自の権力概念をもって社会学界にも波紋を投じた哲学者に、フーコーがいる。**ミシェル・フーコー**（一九二六―八四）はフランスのポワティエに、医師の子として生まれた。エコール・ノルマルではアルチュセールに学び、哲学教授資格取得後はフランス内外の大学で教鞭をとった。一九七〇年にはコレージュ・ド・フランス教授となり、現職のまま亡くなった。コレージュ・ド・フランスはフランスにおいて、アカデミズムの頂点に立つ国立高等教育機関である。

フーコーの名を世に知らしめたのは、『狂気の歴史』（一九六一年、短縮版六四年）である。かれはそこで、「理性」と「狂気」が峻別されるようになった過程を問題にした。かつて「狂気」は、必ずしも社会的に排除されるものではなかった。しかし一七世紀以降、救貧院や感化院などの収容施設が作られる。そして精神障害者が、貧困者や放浪者などとともに収容されるようになる。やがて一九世紀になると、かれらは精神医学的な治療の対象となるというのがそこでの議論の概略である。そこでのフーコーの議論とりわけ歴史的な議論については、各種の批判がある。しかし本書で、そのことの当否を問題にしてもしようがない。ここで問題としたいのはそこでのかれの議論の、中心思想《ライトモティーフ》は何であるかということである。一言でいえばそれは、「学問は権力である」ということであろうと思う。そのような中心思想は『狂気の歴史』に続く、『臨床医学の誕生』（六三年）をも貫くものである。

つまりはそこでは、「健康」と「病気」(さらには「生」と「死」)が概念的に対置される過程が問題になっている。そしてまた『言葉と物』(六六年)では、「人間」の概念が学問的に創造される過程が問題になっている。しかしここでは、『監獄の誕生』(七五年、原題『監視と処罰』)を取り上げよう。というのもそこでは、権力理論が主題的に展開されているからである。フーコーはそこで、近代的な監獄制度がかたちづくられる過程をたどっている。かつて犯罪者の処罰は、衆人環視の下で公然と行われた。それは犯罪によって損なわれた、社会的な秩序の回復を企図するものであった。しかし一八世紀になると、刑罰制度の改革が始まる。基本的にそれは、犯罪をいかに抑止するか(再犯の防止も含む)ということを主眼とするものであった。その中心的な制度として生まれたのが、監獄制度である。収容者はそこで、社会的な秩序に順応できるように訓練され、教育されることになる。

ここでフーコーは、「規律(discipline)」という概念を提示する。「規律」は集団のメンバーが、自発的に秩序だった行動をとることをいう。というよりも集団のメンバーに、そう行動させる管理の技法が「規律」である。フーコーはそれが、監獄、学校、病院、軍隊、工場などで採用されていったという。——その極限型としてかれが注目するのが、**パノプティコン**(一望監視システム)である。それは中央に監視塔を設け、そこから放射状に独房を配した(ベンサムの考案による)監視システムをいう。収容者はそこで、「不断に見張られている」状況におかれる。実際に監視者が、

大学の教室（のみならず教室一般）は総じて，パノプティコン式の施設である．そこは日常的に，試験会場に変貌する。写真は東京大学で行われた，2009年度大学入試センター試験の一コマ（写真・時事通信社）．

そうしているのかどうかも分からぬままに。つまりは権力の行使が、ほとんど自動化するのがパノプティコンの特徴である。結論としてフーコーは、近代社会をどう描き出すのか。そこでの近代社会像は人々が、「規律」を通じて自発的に服従している社会である。より簡略にそれを、「監視社会」と呼んでもよい。

●ハビトゥス

『性の歴史』第一巻『知への意志』（七六年）でフーコーは、「性」が抑圧されるようになった過程を問題にした。たとえばかれは、**「告白」**に着目する。本来「告白」は、キリスト教的な文脈のなかで生まれた儀礼である。しかし今日では、ごくありふれた社会的制度となっている。すなわち両親、判事、医師、教師、友人などに、自分の真実を打ち明けることが「告白」である。フーコーはそこに、一つの権力関係を見て取る。人々は「告白」を通じて、臣下＝主体（sujet）となるというのである。ここにはフーコーの権力概念が、鮮やかに示されている。権力の行使は社会のあちこちで、日常的に行われているというのがそれである。たとえば大学の教室は、総じてパノプティコン型の施設である。それは教育が、教員と学生の間の権力関係の上にあることを暗示している。とりわけ単位認定権は、教員の権力の源泉である。一面では大学教育は、単位取得をめぐる権力ゲームそのものである。

フーコーよりも四歳年少で、エコール・ノルマルでは五年、コレージュ・ド・フランスでは一一年後輩にあたるのがブルデューである。ピエール・ブルデュー（一九三〇―二〇〇二）はスペイン国境に近いフランスのベアルン地方のダンガンに、農家出身の郵便局員の子として生まれた。哲学教授資格取得後は（リセでの教員生活を経て）兵役のために、アルジェリアに赴いた。その後はアルジェリア、フランスの大学で教職に就き、一九八一年コレージュ・ド・フランス教授となった。この間六八年には、教育・文化社会学センター（のちにヨーロッパ社会学センターと改称）を創設している。これは学際的な共同研究の主宰者としての、ブルデューの一面を示している。さて①パリから遠く離れた片田舎の出身であること（さらにまた階層的にも、知識階層の出身ではないこと）、②アルジェリアでの現地調査から学問的な旅立ちを始めたことは、かれの社会学の方向を決定づけたようにも映る。

これは個人史から、ブルデューの社会学に接近する場合である。しかしまたそれに、社会史から接近することも可能である。たとえばグローバリゼーションは、同じくかれの社会学の方向を決定づけている。それはかれが、偉大な社会学者の一人であったことの証明なのであろう。「社会的判断力批判」という副題をもつ『ディスタンクシオン』（一九七九年）は、かれの主著の一つである。そこでの副題は明らかに、カントの『判断力批判』を念頭においている。カントはそこで、趣味判断（あるいは美的判断）の普遍性を基礎づけようとした。その際カントは、「共通感覚」を持ち出す。つまりは「自分を他者の立場におく能力」が、趣味判断の基礎になるというのである。哲学的にはそれは、一つの正統的な見解といってよい。しかし社会学者としてのブルデューは、趣味判断の普遍性を疑うことから出発する。すなわち「いかなる階層に属するか」で、趣味も文化もさまざまではないか、と。

ここでブルデューは、**「文化資本」**という概念を提示する。これは文化が、資本と同等の機能を果たしているのではないかという発想に基づくものである。ブルデューはそれを、①知識、教養、技能、趣味、感性など＝（家庭環境や学校教育を通じて蓄積される）身体化されたもの、②書物、絵画、道具など＝（物財として所有できる）客体化されたもの、③学歴、資格、免許など＝（業績として評価される）制度化されたものの三つに区分する。のみならずブルデューは、文化的な階層分化の基本原理を問題にする。それは**ディスタンクシオン**＝「自分を他者と差異化すること」ではないか、というのがそこでのかれの解答である。このような概念を用いてブルデューは、近代社会をどう描き出すのか。マルクスはブルジョアジー（富める者）とプロレタリアート（貧しい者）の経済的格差に主軸をおいて、近代社会を分析した。それと類比的にブルデューは、二つの階級の文化的格差に着目する。

すなわち支配階級が、従属階級の文化を排除しつつ自らの文化を再生産していく。より具体的には学歴格差が、世代間で継承されていく。大まかにいえばそれが、そこでのかれの近代社会像である。マルクスとエンゲルスは『ドイツ・イデオロギー』で、「支配階級の思想が支配的な思想である」と書いた。二つの階級の経済的格差が文化的格差と切っても切れない関係にあることは、かれらにとって自明の理であったであろう。しかしそれを、理論的かつ実証的に明示したことはブルデューの功績といってよい。『実践感覚』（八〇年）はブルデュー社会学の、方法論的な著作にあたる。——そこでかれが提起した概念に、**ハビトゥス**がある。ハビトゥスとはラテン語で、態度、習慣、気質などの意味をもつ。ブルデューはそれを、「集団に固有の知覚・思考・行動様式を生み出す心的傾向」という意味で用いた。ハビトゥスは社会化の過程で習得され、ほとんど無意識的に作用するとかれはいう。

●リキッド・モダニティ

わたしたちがそれから連想するのは、**エートス**（ギリシア語で慣習や性格を意味する）の概念である。ウェーバーはそれを、「人々の生活様式を規定する心的要因」という意味で用いた。そして宗教的な文脈で、エートス（とりわけ経済倫理）がどうかたちづくられるかを問題にした。これに対してハビトゥスの概念を、同時代のさまざまな集団に適用したのはブルデューの創意である。たとえばかれは、今日の大学人のハビトゥスを俎上《そじょう》に載せている。大学人はそこで、管理職的保守派と知識人的革新派の二つに大別されている（『ホモ・アカデミクス』）。最後に反グローバリゼーションの運動家としてのブルデューについて、一言触れておこう。かれは一九九〇年代以降の、グローバリゼーションに立ち会った社会学者の一人であった。そのなかで人々の生活が、恒常的に不安定（précaire）な状況におかれつつある。それが各種の時論を通して、ブルデューが同時代の人々に訴えることである。

社会学史は本来、社会学の過去の事跡を扱うべきものである。しかしグローバリゼーションの下での社会学という文脈で、同時代の社会学者を一人取り上げさせていただく。**ジグムント・バウマン**（一九二五―）はポーランド出身のユダヤ人社会学者で、現在イギリス在住である。第二次世界大戦（ナチスのポーランド侵攻）に際してはソ連占領地に逃れ、そこで（ソ連指揮下にある）ポーランド軍に加わった。戦後はポーランド軍に入隊し、若くして少佐に昇進する。しかし反ユダヤ主義的風潮のなかで、軍を追われる。次いで学界に入り、ワルシャワ大学教授となる。しかし反体制的知識人として、大学を追われる。その後イスラエルのテルアヴィヴ大学教授などを経て、イギリスのリーズ大学教授となったのが一九七一年である。これ以降は通常の社会学者の経歴、というのが波乱に富むかれの半生である。時代の動乱のなかで翻弄された一人のよそ者、とかれを呼んでも失礼にはあたるまい。

バウマンは本章で扱った、ハーバーマス、ルーマン、フーコー、ブルデューよりも年長である。しかしかれの名が広く知られるようになったのは、『近代とホロコースト』（一九八九年）のころからである。かれはいわば、遅咲きの社会学者であったわけである。時代はまさに、グローバリゼーションの最中にあった。そのなかでかれの関心は、まっすぐにグローバル化した世界の現在に向かった。それから約二〇年、おびただしい数の著作が生み出されてきている。それがかれの、六〇代後半から八〇代前半にかけての出来事であるのだから恐れ入るほかはない。今日のイギリスの社会学者ということならばポーランド移民のバウマンよりも、**ギデンズ**を取り上げるほうが正統的かもしれない。しかし最近では、こういう世評も耳にする。「バウマンは（イギリスの社会学者として）ギデンズを凌駕するばかりか、二〇世紀を代表する社会学者の一人となりつつある」（T・ブラックショー）。

わたしも同感でないこともないので、ここでバウマンを取り上げる次第である。かれの社会理論の基本的な構図はグローバリゼーションを経て、近代社会が「固体的」段階から「液状的」段階に移行したというものである。このことを『コミュニティ』（二〇〇一年）での議論を使って、敷衍《パラフレーズ》してみることにしよう。近代の革命によって人々は、ローカルなコミュニティから解放された。しかし人々が、それによって自由な存在になったわけではない。多くの人々が今度は、パノプティコン型の組織に埋め込まれることになった。これがバウマンのいう、**「固体的《ソリッド》」**な**段階**の近代社会である。当時エリートは、非エリートに対して関与の戦略を用いていた。それは逆説的に、コミュニティ的な結合の役割を果たしていた。しかし「液状的《リキッド》」な**段階**の近代社会では、事態は一変する。エリートは非エリートに対して、関与（engagement）ではなく撤退（disengagement）の戦略を用いるようになる。

それは人々の自由な競争によって、社会を統制していこうとする傾向をさす。はたしてそれによって、人々は自由な存在になったのであろうか。バウマンはグローバリゼーションの下での人間を、グローバルズとローカルズに大別する。端的にいえば**グローバルズ**とは、グローバリゼーションの波に乗っている人々のことである。だれもが権利上（デジュールに）は、グローバルズになることができる。しかし実際上（デファクトに）は、だれもがグローバルズになることができるわけではない。そのようなグローバリゼーションの波に乗りきれない人々が**ローカルズ**である。グローバルズの居住地がゲーティド・コミュニティであるならば、最下層のローカルズの居住地はゲットーである。それらはともに、コミュニティの名に値しない。ここでは社会が、「社会」としての存在理由を失いつつある。——一連の著作でバウマンは、このような**リキッド・モダニティ**の荒涼たる風景を活写している。

本章でわたしたちは、ハーバーマス、ルーマン、フーコー、ブルデュー、バウマンの社会理論を取り上げた。かれらの社会理論を一章に縮減するなど、土台無理な話である。しかし同時代の社会のありようを根源的に探究したというのは、かれらの共通項であるようにも思う。元々社会学は、そのような使命《ミッション》を負う学問である。ただ同時代の社会学者として、かれらには隣人的な親しみを感じずにはいられない。ギリシア神話に登場するシシュポスは、(神々に逆らったために) 石を山頂に押し上げる罰を科せられる。石は山頂近くで必ず転がり落ち、この苦業には果てしがなかったという。わたしは社会理論も、このシシュポスの石のごときものではないかと思う。「完成した」と思った途端に破綻し始めるのが、社会理論であるからである。にもかかわらず社会学者は、石を山頂に押し上げ続けるのであろう。——さて最後に、わたしたちの社会学としての日本社会学を取り上げることにしよう。

12章

ヤヌスの顔

福沢諭吉、柳田国男、高田保馬、鈴木栄太郎、清水幾太郎

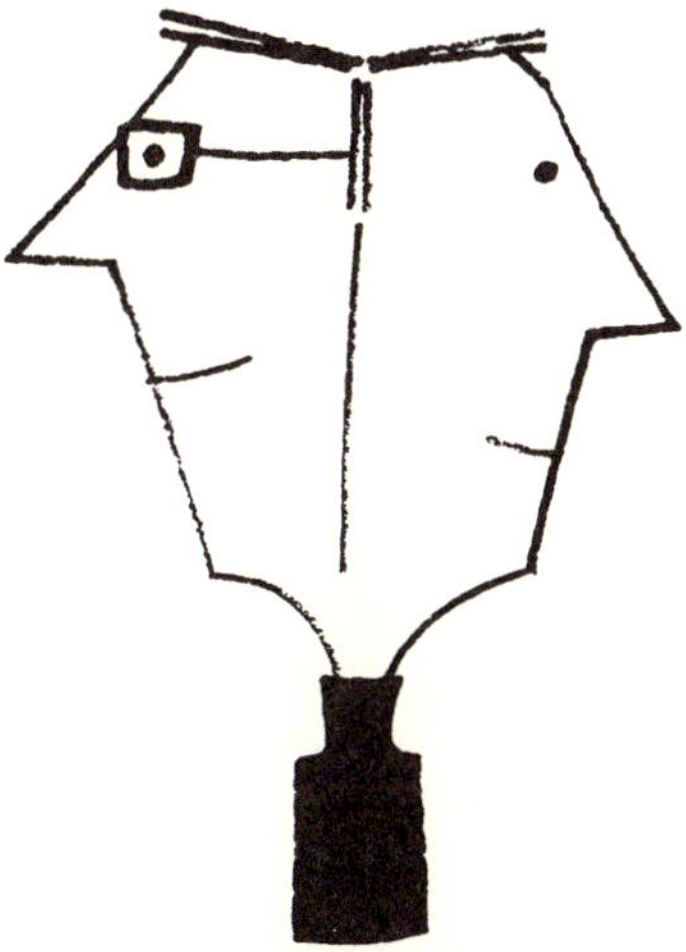

人間の結合は愛着の結合と利益の結合の、二つに大別できる。

――高田保馬

●青年の学問

わたしはこれまで、翻訳書を何冊か世に出している。そのうち一人で全訳したのは、バウマンの社会学書二冊（『社会学の考え方』と『コミュニティ』）である。この乏しい経験の上で「翻訳哲学」を語るのも、正直気がひける。しかし日本社会学史を扱うには、**翻訳**の問題は避けて通れないように思う。ということで読者の皆さんには、ご海容をお願いする。といっても「翻訳哲学」の第一命題は、まったく通俗的なものである。すなわち「労多くして功少なし（all pain and no gain）」、というのがそれである。ご自分が読者である場合を想像していただければ、話は簡単である。元々翻訳は、上出来であることが「普通」である。その場合読者は、（訳者そっちのけで）著者とのコミュニケーションの世界に入っていくことができる。しかしもし、翻訳が不出来であればどうであろう。当然のことながらコミュニケーションの不全は、訳者のせいにされるであろう。もう少し訳がよければ……、と。

それでは労苦に対する、経済的報酬ということではどうか。学術書の場合経済的報酬は、雀の涙くらいである。にもかかわらず翻訳書が、次々と世に出るのはなぜか。ここでわたしは、「翻訳哲学」の第二命題を持ち出したい。すなわち「蒔かない種は生えない（no pain, no gain）」、というのがそれである。ここからは話を単純にするために、社会学のことだけを述べる。わたしは大学で、二〇年ほども社会学を講じている。そういうわたしは時々、内心こう思う。よくも飽きもせず、欧米の社会学説ばかりを紹介し続けているものだ、と。わたしの思いをご理解いただくのには、社会学史の書物を繙《ひもと》いていただくのがよい。というよりも本書の、これまでの旅路を振り返っていただくだけでよい。とどのつまり社会学史とは、**欧米社会学史**の別名なのである。そこから必然的に、欧米圏以外の社会学史の性格も定まる。すなわちそれは、欧米社会学の輸入、翻訳、紹介などの歴史にほかならない。

日本社会学史も基本的には、そのような歴史である。その際欧米圏以外の社会学は、①母国語を基礎にするか、②欧米語を基礎にするかの選択に迫られる。日本社会学は伝統的に、①の道筋をたどってきた（これに対して途上国の社会学は、総じて②の道筋をたどっている）。ここで翻訳の問題が、学問的にクローズアップされることになる。たとえばバウマンは、ある対話でこう語っている（『バウマンとの対話』）。"We cannot help missing the missing community, but the community we miss cannot stop being missing." わたしならこれを、こう意訳するであろう。「コミュニティはなくてはならないものであるが、いつまで経っても手に入らないものである」と。おそらく日本語訳として、これでひとまず意味は通じると思う。しかし英文の微妙なニュアンスが、これで伝わるかどうかは定かでない。かといってそれを、（miss の両義性を意識しつつ）直訳するのがよいとも思えない。

翻訳とはまさに、そのような逡巡と決断の過程にほかならない。ポーランド出身のバウマンにとって英語は、一つの外国語である。かれの英文がしばしば「難解」といわれるのは、そのことと関係があると思う（わたしはそれから、同じくポーランド出身のイギリス人作家コンラッドの英文を連想する）。そのようなバウマンの英語を「普通」の日本語に置き換えるのは、結構スリリングな経験である。実はそれは、わが国の社会学の先人たちが積んできた経験と同質のものである。たとえば society は、今日中学生レベルの英語である。しかしそれを、どのような日本語に置き換えればよいのか。そういうレベルから先人たちの苦闘が始まったことを、わたしたちは忘れてはならない。これに類することはいまでも、日常的に行われている。前章でわたしは、バウマンの『コミュニティ』を取り上げた。そこに出てくる engagement と disengagement を、わたしは「関与」と「撤退」と訳した。

あるいはまた globals と locals を、「グローバルズ」と「ローカルズ（地元住民）」と。それは翻訳を通じて、社会学界に「種を蒔く」作業といってよい。蒔いた種が芽生え、大きく育つかどうかは、何ともいえないが。——わが国の社会学は総じて、青年の学問であった。それは青年が、欧米の最新の社会学説を輸入し、翻訳し、紹介する作業と結びついていた。もっとも「最新の社会学説」は、つねに更新される運命にある。したがって「最新の社会学説」が、瓦礫の山として積み上がっていく。総じてそれが、わが国の社会学史であるといって過言ではない。そのような瓦礫の山に時には、目を向けることも教訓的であろう。しかしわたしたちの周囲にも、自分の社会学説をじっくりと構築した先人たちもいないわけではない。それは青年の学問というよりも、壮年の学問であり、老年の学問であった。日本社会学史の旅はまずもって、そのような大人の社会学をたどる旅であるべきであろう。

●理論優位

英語のsociety（ドイツ語のGesellschaft、フランス語のsociété）を最初に、「社会」と訳したのはだれか。これについては諸説があって、定説がない（一説には明治八年に、福地源一郎がそうしたといわれる）。しかし社会学史上、たしかなことが一つある。それはsocietyの訳語には、多くの代替案があったということである。たとえば「仲間」「会社」「社交」「交際」「世態」などが、それである。もし「社交」という訳語が定着していれば、社会学は「社交学」と呼ばれていたことになる。「社交」を英語で表現すれば、同じくsocietyである。したがって「社会学」と「社交学」は、本来同根であるといってよい。しかし二つが分岐したことで、わが国の社会学が失ったものも少なくない。たとえば「社会」が、（「仲間」や「会社」や「社交」などと別格の）よそよそしい言葉になってしまったことがそれである。今日でも「社会的」というと、何か肩肘《ひじ》張った印象を与えるかもしれない。

この問題は本来、わが国に「社会」はあるのかという問題にも発展する。たとえばvolunteerを、「ボランティア」としか翻訳できないのはこれと関連している（拙著『社会学』参照）。しかしここでは、この問題には深入りしないでおこう。そのような宿命的条件の下で先人たちが、どのように苦闘してきたのかがここでの主題なのだから。**福沢諭吉**（一八三四―一九〇一）は豊前中津藩の下級藩士の子として大坂に生まれ、中津で育った。長崎と大坂（緒方洪庵の適塾）に遊んで、最初蘭学を学んだ。次いで江戸に出て、独学で英学を始めた。万延元（一八六〇）年に軍艦奉行の従僕として、咸臨丸で渡米。その後維新までに、それぞれ一度渡欧ならびに渡米している。この間安政五（一八五八）年には、江戸に蘭学塾を開いた（慶應義塾の起源）。そして明治一五（一八八二）年には、日刊新聞『時事新報』を発刊した。かれは教育・言論界における、わが国の近代化の推進者の一人であった。

ここでは『文明論之概略』（一八七五年木版、七七年活版）を通じて、かれの社会観の何であるかを振り返ることにしよう。といってもそこには、「社会」という言葉は出てこない。そこではsociety の訳語として、「交際」が使われているからである。冒頭福沢は、自分の半生をこう表現する。「恰《あたか》も一身にして二生を経るが如く一人にして両身あるが如し」と。それは明治維新の前後で、自身の生が激変したことをいったものである。本書ではさきに、この福沢の一文を引用している（第2章）。それはフランス革命後の動乱のなかで、コントが福沢と同様の経験をしたという文脈においてであった。わたしは福沢が、日本社会学の創始者であるなどというつもりはない。しかし福沢が、明治維新後の混乱のなかでコントと同様の問題に直面したことは間違いない。一つにはそれは、自分が生きている社会をどうとらえるかということであった。と同時に目前の混乱を、どう収拾するかということであった。

その際福沢は、西洋的な社会観をもって日本社会を観察した。そして日本社会は、（アジア的停滞を脱して）西洋文明を目標とすべきであると説いた。その意味ではかれは、典型的な近代主義者であり理想主義者であった。しかし福沢を、ハーバーマス風の近代主義者や理想主義者と理解してはならない。明治初年のわが国で福沢が、日本社会の近代化を説いたのはなぜか。それは一国の独立すなわち国体（nationality）を守るためである、と福沢は説く。その意味ではかれは、近代主義者であると同時に国家主義者であった。あるいはまた理想主義者であると同時に、現実主義者であった。『文明論之概略』の刊行の前年には板垣退助・副島種臣《そえじまたねおみ》などによって、民撰議院設立建白書が提出されている（自由民権運動の開始）。これ以降国論は、民権か国権か、欧化か国粋かをめぐって分裂していく。しかし福沢の立論は、これらの二つの立場が必ずしも対立関係にはないことを明らかにしている。

かれは明治初年における、偉大な国民的思想家であったということであろう。といっても近代主義と国家主義（あるいは理想主義と現実主義）の対立は、わが国の社会思想の基調をかたちづくるものとなる。このような思想的風土はわが国の社会学にとって、いかなる意味をもったか。一つには欧米の最新の社会学説が、次々に輸入され、翻訳され、紹介される習俗が生まれた。それは明治初年のスペンサーから近年のバウマンまで、終始一貫している。その際理論は、つねに現実の一歩先を行くものであった。言い換えれば理論は、「あるべき現実」を提示するものであった。——このような理論優位の傾向は表向きの理論的対立（たとえばマルクス主義と構造‐機能主義の）を超えて、日本社会学を貫いている。しかしまた理論優位の傾向に対して、現実優位の傾向というべきものも生まれた。さしあたりそれは、（「あるべき現実」に対して）「あるがままの現実」に密着する理論的立場をさす。

●生活世界

『文明論之概略』に話を戻すと、福沢は「文明は何によって進歩するか」を問うている。道徳と知識とりわけ知識のなかの科学的知識の発展による、というのがかれの答えである。わたしたちはそこから、コントの三段階の法則を連想しないではいられない。さきにも書いたようにコントは、知識の発展の段階（神学的・形而上学的・実証的）によって社会の発展の段階（軍事的・法制的・産業的）を説明した。福沢がそこで、コント流の発展段階説を唱えているわけではない。せいぜいかれは、（因習的知識に代わる）科学的知識の重要性を主張したにすぎない。しかしそこには、**洋学派**の頭目としてのかれの立場が鮮明に示されている。コントが社会学によってフランス革命後の混乱を収拾しようとしたように、福沢は洋学によって明治維新後の混乱を収拾しようとしたのである。「門閥制度は親の敵《かたき》で御座る」（『福翁自伝』）という福沢の思想は、日本社会学の方向を指し示すものとなった。

ここでもう一人、社会学者とは言い難い研究者を取り上げさせていただく。**柳田国男**（一八七五―一九六二）は兵庫県神東郡田原村（現神崎郡福崎町）に、医師の子として生まれた（旧姓は松岡で、のちに柳田家の養子となった）。東京帝国大学法科大学を卒業後農商務省に入り、法制局参事官、貴族院書記官長などを歴任した。退官後は朝日新聞社に入るとともに、国際連盟委任統治委員も務めた。柳田は元々、強い文学的志向をもっていた（島崎藤村の「椰子《やし》の実」は柳田が、伊良湖《いらご》岬での経験を友人の藤村に語ったことで生まれたという）。しかし農政学を介して、民俗学に関心を移すようになる。明治四二（一九〇九）年に『後狩詞記《のちのかりことばのき》』を出版、大正二（一九一三）年に月刊雑誌『郷土研究』を創刊、昭和一〇（一九三五）年に民間伝承の会（のちの日本民俗学会）を設立するなど、**日本民俗学**の礎石を築いた。柳田は組織者、旅行者、文筆家などを兼ねた、比類のない民間研究者であった。

社会学史の文脈でわざわざ、社会学者でもない柳田を取り上げるのはなぜか。それは柳田が、（福沢とは別個のかたちで）日本社会学の一つの傾向を体現していると思うからである。『時代と農政』（一九一〇年）には柳田の、農政学上の立場が明快に示されている。その序文でかれは問う。農村にはまだ、新聞を読まない者が何千万人もいる。かれらは親譲りの田畑を、親譲りの方法で耕し続けている。いったいかれらを幸福にするのは、どのような政治であろうか、と。柳田はそこで、二つの政治的立場があることを指摘する。一つは欧米の制度を積極的に導入しようとする立場であり、いま一つはそれを忌避しようとする立場である。それは明治初年から今日にいたる、国際派と民族派の対立といってよい。当時は農村に、（欧米流の）協同組合をどう普及させるかが問題になっていた。柳田はわが国の伝統のなかに、（農民自治や相互扶助などの）協同組合と結びつくものを探り出している。

そこには西洋的なものと日本的なものの対立を乗り越える、一つの方策が示されている。もっとも柳田は、その後「日本的なものとは何か」を探究し始める。それが端的に、かれの民俗学研究であった。その入り口となったのは「平地人」に対する、「山人」の研究であった。『後狩詞記』は宮崎県西臼杵《うすき》郡（現東臼杵郡）椎葉《しいば》村の狩猟習俗を、民俗誌《エスノグラフィー》的に記述した作品である（当時そこでは、いまだに焼畑農業が行われていたという）。それに続く『遠野物語』（一九一〇年）によって、柳田の研究は広く世に知られることになる。それは岩手県上閉伊《かみへい》郡遠野郷（現遠野市）の民間伝承を、当地の出身者の話をもとにまとめた作品である。巻頭柳田は、「この書を外国にある人々に呈す」と書いた。「外国にある人々」を文字通り、外国人ととらえることはないであろう。どちらかといえばそれは、西洋的なもの（あるいは理論的なもの）で頭が一杯の知識人に向けられたものというべきであろう。

序文で柳田は、さらにこう書く。「国内の山村にして遠野よりさらに物深き所には、また無数の山神山人の伝説あるべし。願はくはこれを語りて平地人を戦慄せしめよ。この書のごときは陳勝呉《ちんしょうご》広《くわう》のみ」と（陳勝と呉広は秦《しん》朝に対して、反乱の烽火《のろし》を上げた人物である）。社会学史を主題とする本書では、『遠野物語』の方法に関心を絞ろう。柳田はそこで、「あるがままの現実」を提示しようとしている。もちろん実際に、「あるがままの現実」が存在するかどうかは議論の余地がある。おそらく「あるがままの現実」は、それ自体理論的産物なのであろう。――しかし社会学者の仕事のなかには、人々の生活世界を調査し、分析し、提示することもある。①理論的に現実を解明する仕事もあれば、②実証的に現実を把握する仕事もあるということである。いや実際には、①よりも②の仕事に従事する社会学者のほうが多いくらいである。社会学者のなかには自覚的に、柳田の衣《い》鉢《はつ》を継ぐ者もいる。

●理論社会学

しかしそれとは別に、多くの社会学者が柳田の学統を継いでいるかもしれない。たとえばシカゴ学派の社会学は、柳田民俗学と類似するところがある。かれらもまたスラム街の実態調査などによって、「平地人を戦慄せしめよう」としていたに違いない。「山人」の研究から始まった柳田民俗学は、やがて「平地人（常民）」を研究対象とするようになる。社会学的にいえば研究対象が、「かれら」から「わたしたち」に移行したのである。たとえば『明治大正史世相篇』（一九三一年）は、そのような「わたしたち」の歴史の記録である。その序文でかれは、こういう。自分は日常的な出来事だけで、立派に歴史は書けると思っている。本書は英雄中心の、従来の歴史書とはまるで異なる。ここでは普通の人々が、見聞きできることだけを扱っている、と。おそらく多くの社会学者は、それに共感するであろう。しかし「わたしたち」の歴史、というそこでの記述の様式には抵抗感をもつであろう。

明らかにそれは、学問的な記述の様式とは異なるからである。ということでそろそろ、アカデミックな社会学に話を移そう。わが国の大学で社会学が、本格的に講じられるようになったのはいつか。フェノロサは日本美術研究家としても知られる、アメリカの哲学者である。明治一一（一八七八）年かれは、東京大学文学部で「世態学」（のちに「社会学」と改称）を講じ始めた。外山正一《まさかず》は日本人最初の、東大教授である。かれはフェノロサ帰国後、「社会学」を継承した。そして明治二六（一八九三）年、（講座制実施時に）社会学講座を担当した。明治三六（一九〇三）年建部遯吾《とんご》は、東京帝国大学文科大学に「社会学研究室」を設置した。建部は日露戦争に際しては、主戦論を唱えた。米田庄太郎は明治末期、「東の建部、西の米田」と並び称された。かれはアメリカでギディングスに、フランスでタルドに、それぞれ師事した。帰国後は同志社大学や京都帝国大学で、社会学を講じた。

　これらが草創期の日本社会学の、東西の主要な話題《トピック》である。しかし日本社会学が独自の展開を見せるのは、それ以降である。ここで米田門下の高田保馬《やすま》と建部門下の鈴木栄太郎を取り上げるのは、そのためである。**高田保馬**（一八八三―一九七二）は佐賀県小城郡三日月村（現三日月町）に生まれ、京都帝国大学文科大学で米田に学んだ。わが国で最初の社会学の体系的理論書は明治一六―一七（一八八三―八四）年刊の、有賀長雄著『社会学原理』であるといわれる。しかし大正八（一九一九）年刊の高田著『社会学原理』がそれである、という学者も多い。高田は九州帝国大学法文学部教授などを経て、京都帝国大学経済学部教授となった。そこを退官後も他大学で教鞭をとり、文化功労者になった。草創期の日本社会学は欧米社会学、とりわけコント、スペンサー流の綜合社会学を土台としていた。しかし高田は、（欧米社会学のバージョン変更に応じて）個別科学としての社会学を志向した。

わたしたちは高田社会学の理論的骨格を、『社会学概論』(一九二二年、五〇年改訂)で一覧できる。冒頭高田は、社会学を「社会を対象とする法則科学」と、社会を「人々の結合」と、それぞれ定義する。そして社会学は、「社会科学界の一平民である」という。社会学は人々の相互作用の形式を対象とするというそこでの高田の立場は、ジンメル流の形式社会学のそれと合致している。しかし日本社会学史上、高田社会学が特筆されるのはなぜか。——それは高田が、(欧米社会学の土台の上で)独自の**理論社会学**を構築したからである。しかも同時代の国際的水準を行く、つまりは欧米の第一線の社会学者と同じ水準の理論社会学を。高田は人間の結合には、「愛着の結合」と「利益の結合」があるという。前者は(「群居の欲望」に基づく)結合のための結合で、後者は他の目的のための結合である。この延長線上で高田は、**「基礎社会」**と**「派生社会」**という基礎的な社会類型を導き出す。

前者が血縁・地縁などの自然的結合に基づくのに対して、後者は類似・利益などの派生的結合に基づく。その上で高田は、社会分化の傾向を指摘する。たとえば分業の成立や階級の形成が、これにあたる。いったい社会は、なぜ分化するのか。その動因を高田は、人々の「力の欲望」に求める。それはまさに、自分が他者に優越したいという欲望をさす(それはさらに、支配の欲望や競争の欲望に分類される)。さて高田は、社会=人間の結合をどう法則的にとらえるのか。ここで高田は、いくつかの法則を提示する。**「結合定量の法則」**は社会的結合の分量が、一定の時代においてほぼ一定しているというものである。たとえば大人数の授業であればあるほど、教師と学生の関係が疎遠になりがちなのはこれにあたる。さらに「基礎社会の拡大縮小の法則」は、①地縁的結合が拡大して大社会（国家）が形成されるとともに、②血縁的結合が縮小して小社会（家族）が形成されるというものである。

●領域社会学

紙数の都合で他の法則については、割愛させていただく。社会学史上高田社会学は、どう評価できるか。たとえば『社会学概論』には、マッキーヴァーの『コミュニティ』（一九一七年）も引用されている。しかしそれは、高田自身の独創的な理論書と断じてよい。読者の皆さんにはそれと、ジンメルの『社会学』のどちらが濃密かつ明快であるか読み比べていただければと思う。遺憾ながら高田社会学の国際的な評価は、そう高くない。それどころかわが国の社会学徒が、高田の著作に親しむ機会も減っている。そのなかで近年、高田の勢力論ならびに階級論が再評価されつつある。高田は社会的勢力を、「（服従者によって）服従される能力」と定義する。そして勢力（を確保するための）手段として、権力（可能性と正当性で被覆《ひふく》された武力）、富力、威力などをあげる（『勢力論』）。その上で高田は、「社会的勢力の類似に基づく集団」として階級を規定している（『階級及第三史観』）。

さきにも書くようにわが国の社会学は、欧米社会学の圧倒的な影響下におかれてきた。この場合社会学そのものが、理論社会学としての性格をもつことになる。というのも欧米社会学の理論を研究することが、社会学者の第一義的な仕事となるから。もちろん高田のように、一頭地を抜く理論社会学者も生まれた。しかし多くの社会学者は、ただ「横のものを縦にする」仕事をしてきただけかもしれない。――これに対して大正から昭和にかけて、日本に固有の**領域社会学**が生まれてくる。たとえば戸田貞三の家族社会学、鈴木栄太郎の農村社会学、奥井復太郎の都市社会学、などがそれである。そこでは理論的な研究に加えて、実証的な研究が重視された。つまりは「どこにもない場所（nowhere）」ではなく、「いまここ（now-here）」を対象とするのがそこでの方針であった。日本社会に関心をもつ欧米の社会学者が、（高田流の理論社会学よりも）こちらの研究に関心をもつのは当然である。

したがって国際的には、それらが日本社会学を代表する研究となった。**鈴木栄太郎**（一八九四―一九六六）は長崎県壱岐郡郷ノ浦町（現壱岐市）に生まれ、東京帝国大学で社会学を学んだ。しかし建部との研究上の対立から、大学院は京都帝国大学に進んだ（米田に師事）。岐阜高等農林学校教授の時代に農村研究に着手し、昭和一五（一九四〇）年『日本農村社会学原理』（以下『農村』と略記）を著した。京城帝国大学助教授の時代には朝鮮社会の研究に着手し、（第二次世界大戦後の）北海道大学教授の時代には都市社会の研究に従事するなど、研究領域を広げた。後者はやがて、『都市社会学原理』（一九五七年、六五年増補、以下『都市』と略記）にまとめられた。『農村』の序文で鈴木はこういう。農村社会学はアメリカで、大いに学問的に発展した。しかしそれは、畢竟《ひっきょう》アメリカの農村社会の研究である。それによってわが国の農村社会を理解することには、原理的な無理がある、と。

かくして鈴木は、日本に固有の農村社会学を構築すべきであるという。それは①日本の、②農村の、③現時の、という三つの制約をもつ社会学的研究である、と。もちろん高田社会学に、このような理論的制約はない。それでは高田社会学のほうが、鈴木社会学よりも断然すぐれているといえるか。一概にそうはいえないところに、社会学の難しさと面白さがある。それは社会学の研究対象が、地理的にも、歴史的にも、文化的にもすこぶる多様であるからである。高田社会学のようにそれを、一つの普遍的法則で理解しようとする立場もある。しかしまた鈴木社会学のように、それぞれの研究対象の特殊性に着目する立場もあるのである。鈴木は『農村』で、（欧米社会学の土台の上に）独自の理論的枠組みを提示していく。その際**村**（自然村）と**家**（家族共同体）が、かれの農村社会学の中心的な概念をなす。というのもそれら二つが、「わが国の農村における社会化の単位」であるからである。

村はそこで、①地縁的（自然的）な結合を基礎として、②その上に自律的（社会的）な結合が生まれたものと定義される。村落的結合が今日まで、営々と保たれてきたのはなぜか。その根源を鈴木は、村の精神＝村人の共同意識に求める。それが日々の生活のなかでの、村人の行動原理となっているというのである。それではもう一つの「社会化の単位」である、家についてはどうか。家はそこで、①世代間で継承される、②生命的な永続性を希求する家族共同体と定義される。**戸田貞三**

は家族を、①近親関係（夫婦・親子など）にある少数の人々をメンバーとする、②緊密な感情的融合に基づく小集団と定義した（『家族構成』）。明らかに家の概念は、この家族概念と対抗関係に立つものである。家族がメンバー間の横の関係であるのに対して、家は世代間の縦の関係であると鈴木はいう。そして村の精神が村人の行動原理になっているのと同様に、家の精神が家族の行動原理になっている、と。

●現代社会学

遺憾ながら鈴木の作品は、高田の作品ほど明快ではない。しかしそこには、未開の地を探検するスリルがある。その「未開の地」がわたしたちにとって、概《おお》ね父祖の地というのも皮肉ではあるが。さて今度は、鈴木の都市社会学に目を転じよう。『都市』の序文でかれは、領域社会学を「庶民の学問」と呼ぶ。理論社会学＝大きな仕事に対してそれは、小さな仕事である、と。しかしまたそれは、人々に生活上の指針を提供する可能性をもつとかれはいう。日本に固有の都市社会学はすでに、**奥井復太郎**（『現代大都市論』）などによって開拓されていた。鈴木は自身の農村社会学の延長線上に、都市社会学を構想した。かれは都市と村落を、「聚落《しゅうらく》社会」の二つの形態であるとする。そして都市を、「社会的交流の**結節機関**」として規定する。かれはまた都市社会の基本的な集団として、世帯と職場（学校を含む）をあげる。たしかに都市生活の大半は、この二つの集団間の往復で成り立っている。

そこには平凡な都市生活に関する、非凡な社会学的洞察がある。鈴木は領域社会学の任務を、人々に生活上の指針を提供することにおいた。社会学者が専門的な論文を発表したり、著作を刊行したりするだけでは、この任務は果たされない。この任務を果たすには一般人向けに、商品価値のある文章を書く必要がある。言い換えればアカデミズムにとどまらず、ジャーナリズムの世界に飛び込む必要がある。たとえば福沢や柳田は、総じてジャーナリズムの世界で活動した学者である。しかしアカデミックな社会学が確立したのちは、そのようなジャーナリスティックな活動は一段低く見られることになった。社会学界のなかでしか通用しない社会学説に、いったい何の価値があるのかといえばそれまでである。しかし今日でも、そのようなアカデミズムによるジャーナリズムの蔑視は続いている。と同時に社会学界が、メディアの世界で華々しく活動する人材を多数輩出してきたことも事実である。

清水幾太郎（一九〇七―八八）は社会学者にして、そのようなメディアの寵児《ちょうじ》の草分けである。清水は東京の下町に生まれ、東京帝国大学文学部社会学科に進んだ。卒業後は副手時代を経て、本人いわく「売文業者」になった。在学中からかれは、メディアでさかんに活動していたからである。①そのなかで『社会学批判序説』（一九三三年）、『社会と個人』（三五年）、『流言蜚語《ひご》』（三七年）などの、初期の著作が生まれた。第二次世界大戦前清水は、読売新聞論説委員も務めた。戦後は昭和三五（一九六〇）年の「安保闘争」まで、左派陣営のイデオローグとして活躍した。②この中期には『社会学講義』（四八年）、『社会心理学』（五一年）などの著作があり、学習院大学教授になった。

その後は「核の選択」の提唱など、右派陣営に転じた。③後期の著作には『現代思想』（六六年）、『倫理学ノート』（七二年）などがあり、ウェーバー、ジンメルなどの翻訳でも学界に貢献した。

『社会学批判序説』で清水は、社会学のイデオロギー性を批判した。当時かれは、マルクス主義に立脚していたからである。わたしたちにとって有用なのは、そこでの清水の社会学成立史である（『社会と個人』ではかれは、社会学の前史を扱っている）。実際本書も、そこでの清水の議論を参考にしている。その後清水は、プラグマティズムに軸足を移すようになる。清水の場合時代ごとに、その立脚する思想に大きな変化がある。わたしたちはそれを、思想的な無節操と見るべきではない。ある意味ではかれは、福沢以来の洋学派の系譜に属しているのである。とびきり機敏で、口達者であることは間違いないが。『流言蜚語』はわが国における、社会心理学の先駆的業績である。というよりも流言やデマゴギーに関する、世界で最初の著作といってもよい。①報道の機能停止時に、②情報不足を補うために、③人々の間で根も葉もない話が流れる、というのがそこでの議論の基本的構図である。

清水は報道と流言蜚語は、本質的には区別できないという。『社会学講義』は戦後、東北帝国大学で行った講義がもとになっている。前篇では欧米の社会学史が、後篇では清水自身の社会学が、それぞれ講じられている。清水はそこでこういう。——現代社会学は（ヨーロッパ社会学のように）方法の問題に拘泥するのではなく、（アメリカ社会学のように）現実の問題を追跡すべきである、と。わたしは昭和五二（一九七七）年の大学入学時に、「社会学」をとった。その際指定された教科書が、『社会学講義』であった。それからもう、三〇年以上が経つ。『論文の書き方』（一九五九年）で清水は、接続助詞の「が」の魔物性について書いている。わたしは本書で、その「が」をほとんど使っていない。一〇数年前から何となく、かれの教訓に従うようになったからである。その後社会学出身のメディアの寵児も、多数生まれた。しかし清水以上の、存在感と影響力を示した者は一人もいない。

本章での日本社会学史の旅は紙数の都合で、戦後すぐで終わってしまった。それ以降については同じ版元から出ている、富永健一著『戦後日本の社会学』をお読みいただくのがよいと思う。本章で扱った五人は、社会学者以外＝福沢諭吉、柳田国男、社会学者＝高田保馬、鈴木栄太郎、清水幾太郎と分類できる。しかしまた五人を、国際派＝福沢、高田、清水、民族派＝柳田、鈴木と分類することもできる。わたしは日本社会学史から、ローマの門の守護神ヤヌスを連想する。ヤヌスは一つの頭の前後に、二つの顔をもっている。日本社会学もヤヌスの顔のように、前後を向いている。もちろん一つの顔は、西洋的なものに向けられている。そしていま一つの顔は、日本的なものに。そのような二つの顔が一つになる日を、わたしたちは夢想する。しかしいまのところ、その見通しはまったく立っていないのが実情である。——さて欧米と日本の社会学史を巡歴する旅も、これでひとまず終了である。

おわりに

●ドラマトゥルギー

社会学者の野村一夫氏と話をしたとき、氏がこういうことをいわれたことがある。社会学の概説を書くと今度は、社会学史が書きたくなる、と。当時氏は、すでに概説書を物されていた。その上で次の仕事の計画は……、という話の流れであったと思う。そのときわたしは、「そんなものかな」と思うだけであった。というのも社会学史はもちろん、概説書も物してはいなかったからである。その後わたしは、概説書（『社会学』）を出した。すると例の、野村氏の話がよく分かるようになってきたのは不思議である。社会学をとりまく環境も、以前とはずいぶん様変わりしてきている。以前は碩学《せきがく》が、概説と学史をともに物するということは珍しくもなかった。しかし最近は、どちらも共著が標準である。とりわけ社会学史の単著は、なかなか出にくい環境にある。もちろんそれは、社会学界があまりにも広大になったからである。その歴史を一人の著者が書くという行為は、何に喩えられようか。

常識的にはそれは、風車に槍で突っ込んだドン・キホーテの所業であろう。もっともわたしにとって、目標となる仕事はないでもなかった。古典的な社会学史（たとえば新明正道著『社会学史概説』）がそうである、というのではない。失礼ながらそれらは、古色蒼然《そうぜん》たる印象を与えるものであった。概説と同様に学史もまた、一つの時代の産物である。つまりは社会学史が、時代とともに古びるのはしかたのないことである。その上で現代的な社会学史を、というのがわたしの念願であった。そういうわたしは、海外に目標となる仕事を見いだした。たとえばR・コリンズ著『社会の発見』（一九八四年、M・マコウスキーとの共著）や『社会学の四つの伝統』（一九八五年、邦題『ランドル・コリンズが語る社会学の歴史』）には、大きな刺激を受けた。もちろん本書が、それらに比肩しうる作品であるというのではない。今日でも一人で社会学史を書きうる、という事実に励まされたのである。

そしてまた大家の社会学史をめぐる近著たる、富永健一著『戦後日本の社会学』や『思想としての社会学』にも深い敬意をいだかずにはいられない。わたし自身はそれらとは、まったくかけ離れた記述の様式をとっているにしても。社会学を一枚の織物にたとえるならば、縦糸と横糸はそれぞれ何かが問われる。わたしならそれに、こう答えるであろう。これまで社会学が、社会をどうとらえてきたか＝学史が縦糸である。それに対して自分自身が、社会をどうとらえるか＝概説が横糸である。そして社会学＝織物にとっては、どちらもなくてはならない、と。にもかかわらず学史よりも、概説のほうが重視される傾向があるのはなぜか。それは概説が、社会学の第一義的な目的であるからである。そして学史は、その目的実現のための手段であるからである（社会学的にそれを、概説は充足的、学史は手段的といってもよい）。社会学史を学ぶとき社会学徒をとらえて放さない、一つの疑問がある。

一九世紀や二〇世紀の社会学説を学ぶことがいったい何の役に立つのか、というのがそれである。それについてわたしが、「こう役立つ」と断じたとしよう。その場合わたしは、学問詐欺師ということになるかもしれない。わたしは社会学史を、社会理論の構築のための予備的知識の一つととらえる。したがって社会学史に無知でも、社会理論は構築できるといわざるをえない。しかしこうもいえよう。社会学史に無知な社会学者が、まともな社会理論を構築した例《ためし》はない、と。というのも社会学は、それ自体理論的な突破の過程であるからである。社会理論の構築はまさに、先人よりも一ヤードでも前にボールを運ぼうとする挑戦である。もしビッグプレイでタッチダウンでも奪えば、「偉大な社会学者」として称賛されることになる。しかしかれまたはかの女のプレイも、つねに先人のプレイの延長線上にあることを忘れてはならない。結論としてわたしは、社会学史をこう位置づけておきたい。

社会学史はけっして、過去の社会学者の活動の舞台にとどまらない。それはまた歴史の解釈を通じて、現在の社会学者の活動の舞台ともなる、と。一般に社会学史から、社会学徒が連想することは何か。古い書物を探し出し、古い学説を抽《ひ》き出し……、といったことがそれであろう。実際わたし自身、今回ずいぶん図書館や古書店のお世話になったし、死蔵していた書物のページを繰ったことも度々であった。歴史の一環である以上社会学史に、そのような側面があることは否定しない。しかし社会学史は、普通の社会学の範疇にすぎない。それが本書を通じて、わたしが貫こうとした姿勢であった。より分かりやすくいえば過去の学者も、現在生きている、いや生きているのでなければ、ここに顔を出す意味がない。——それが本書の脚本家兼演出家である、わたしのドラマトゥルギー（作劇法兼演出法）であった。結果として芝居が面白かったかどうかは、読者各位のご判断に委ねるほかはない。

●社会学的闘争

社会学史を書く際の最初の問題は、①どの範囲で、②何を主題に書くかということにある。①についてては本文でも書いたので（第1章、第5章）、ここでは②について触れておく。それについてわたしは、個々の学者を扱うという方針をとった。必ずしもそれは、個々の学者の人格を尊重したためではない。ジンメルのように人格を、「無数の社会的な糸の交点」ととらえることもできるであろう。あるいはまたルーマンのように、「社会システム」の環境としての「心理システム」としてとらえることとも。個々の学者においても前期と中期と後期で、学説がまるで異なるということも珍しくない。この場合それぞれの時期のかれまたはかの女を、一つの人格でとらえることにどれほど意味があるのかということにもなる。わたしがここで個々の学者を主題としたのは、より消極的な動機である。もし個々の学者を主題とするのでなければ、理論、主義、思潮、学派、系譜などがここでの主題として浮かび上がってくる。

わたしにとってそれらは、何とも扱いにくいものと思われたからである。わたしは社会学には（というよりも人文・社会系の学問全般といってもよいが）、「芸は一代限り」という側面が濃厚にあると思う。「芸は一代限り」とはしばしば、芸能についていわれることである。その場合芸は、師匠から弟子へ脈々と受け継がれていく。しかし芸そのものは、芸能者個人と切り離すことができない。おおよそそれは、社会学の場合も同じではなかろうか。たとえば「マルクスの社会理論」は論じられても、「マルクス主義の社会理論」を精密に論じることはできない。というのもマルクス主義者にも、いろいろなタイプがあるからである。本書で「学派」を主題的に扱ったのは、シカゴ学派の場合だけである。しかし実際には、個々のシカゴ学派の社会学者を扱ったにすぎない。トマスやパークやバージェスやミードやブルーマーの議論を一つに集約することなど、そもそも無理な話であるからである。

社会学史における理論的な突破はさしあたり、個々の社会学者によって担われる。もちろん社会学者も、時代の子である。社会学者が時代と無関係に、社会理論を構築するわけではない。時代がかれまたはかの女に、社会理論を構築させるという一面もあるのであろう。しかし時代は、社会学者の伝記のなかに浮かび上がってくる。本書で伝記的事実の記述に紙数を割いたのは、そのためである。そのなかにはコント、マルクス、ウェーバー、清水幾太郎、バウマンのように、波瀾万丈の生涯を送った学者もいる。それに対してデュルケーム、高田保馬、パーソンズ、マートン、ルーマンのように、平穏な学究生活を送った学者もいる。しかしそれは、傍目《はため》にそう見えるだけの話である。学者の闘争は街頭や議会や台所ではなく、書斎において行われる。ひいてはそれは、書籍や雑誌や講義において行われる。一見平凡な生活のなかで、学者が闘争に明け暮れていたとしてもちっとも不思議ではない。

その意味で社会学は、一つの闘争場《アリーナ》なのである。もちろんパーソンズとシュッツの、ハーバーマスとルーマンの間の論争のように、社会学史に残る論争もある。のみならずマルクス、福沢諭吉、フロイト、デュルケーム、ウェーバーなども、同時代の学者たちと論争を繰り広げた。しかしそういう著名な論争だけが、ここでいう論争なのではない。社会学者が学界に、ある学説を提示するとする。その際かれまたはかの女の学説は、他のすべての（とりわけ関連する）学説と対抗関係におかれる。——それがまさに、社会学的闘争なのである。本書でわたしは、ローティの「文化的左翼」の概念に触れた。ここでの論法では実際に、そういう党派があるのかどうかも分からない。しかしもし、そういう党派がかたちづくられているとすれば面白くない話である。というのも党派性は、「わたしたち」と「かれら」を分断するからである。社会学的闘争は党派的になればなるほど、学問的ではなくなる。

社会学者は社会学的闘争を通じて、自由な討議に参加する。その限りではわたしの社会学観は、ハーバーマスのそれに近い。しかし社会学者の仕事が、社会批判であるといわれると納得できない。たしかにそれは、社会学者の仕事の一部ではあろう。しかしそれが、全部ということはないはずである。わたしは社会学者の仕事を、（鈴木栄太郎や清水幾太郎と同じく）人々に生活上の指針を提供することにおく。しかしそれは、「あるべき現実」を提示することと同じではない。どちらかといえば「あるがままの現実」を提示することが、それにあたるといいたいのである。その限りではわたしは、ルーマンの社会学観に共鳴する。かれは社会学者の仕事を、（社会システムと同じく）社会の複雑性を縮減することにおくからである。目前の現実がよく分かっているか、というとそうでもない。社会学者とはそれぞれの時代において、同時代の社会のありようを凝視し、分析し、提示する人々をさす。

●生きた存在

小学校低学年の時代にわたしは、『平家物語』の再話作品を愛読していた。先年実家の書棚で確認したところそれは、浅野晃著『源氏と平家』（偕成社、一九六四年）という作品である。浅野晃（一九〇一―一九〇）は本書でいう、波瀾万丈の生涯を送った人物である。浅野は東京帝国大学法学部在学中に、新人会に入った（新人会とは当時、社会主義的傾向をもつ学生たちが組織した思想団体である）。卒業後は日本共産党に入党し、福本イズムを信奉した（福本イズムとは当時の日本共産党の理論的指導者であった、福本和夫の理論をさす）。浅野は昭和三（一九二八）年の三・一五事件で検挙され、翌年転向した。その後かれは、国粋主義に走った。第二次世界大戦後は長く、立正大学教授を務めた。社会学との関係では浅野は、マルクスの『哲学の貧困』やエンゲルスの『空想から科学へ』の初期の訳者である。つまりは例の『平家物語』の再話者は、その昔社会主義者であったわけである。

浅野は戦前、保田與重郎主宰の『日本浪曼派《ろうまん》』に寄稿していた。その中心的な寄稿者であった亀井勝一郎も、浅野と同様の思想的変遷を経ている。つまりは左傾→転向→右傾というのが、それである。特段それが、どうであるというのではない。『平家物語』の再話は浅野にとって、いかなる意味があったのかと思うだけである。冒頭浅野は、子どもたちにこう語りかけている。「はなばなしい合戦のかげに、ほろびゆくものの悲哀がこもっていることも……みのがしてはなりません」と。子ども時代にわたしは、それをどう読んでいたか。明らかに源氏＝勝利者の側から、平家＝敗北者を見ていた。つまりは「はなばなしい合戦」に目を奪われ、「ほろびゆくものの悲哀」から目を背けていたと思う。イギリスで勝利者史観＝進歩史観のことを、**ホイッグ史観**という。それはイギリス史で、ホイッグ党（議会派）がトーリー党（国王派）に勝利したことを「歴史の進歩」ととらえる立場に由来する。

つまりは勝者の立場から敗者を裁くのが、ホイッグ史観である。一般に歴史は、（程度の差こそあれ）ホイッグ史観で貫かれている。それは社会学史についても、まったく同じである。たとえばパーソンズの社会学に、なぜ多くの分量を割くのか。それはかれの社会学が、実際に大きな影響力をもったからである。言い換えればかれの社会学が、周辺の社会学に勝利したからである。かりにホイッグ史観に立たない社会学史があるとすれば、二流の社会学者をめぐる旅になるであろう。そんな書物にはたして、読者がつくであろうか。しかしまあ、そんなことはどうでもよい。わたしがここで『平家物語』を持ち出したのは、いまわたしはそれをどう読むかを語りたかったからである。わたしは「はなばなしい合戦」には目もくれず、「ほろびゆくものの悲哀」に目を向けるであろう。本書の読者の皆さんの年代をいま、わたしは知るよしもない。しかし皆さんならどうか、と尋ねてみたい気がする。

本書の冒頭でわたしは、ベンヤミンの「歴史の天使」に関する一文を引用した。歴史の天使は顔を過去に向けたまま、未来に向けて流されていく。天使の前には破局の産物として、死体や瓦礫が積み重ねられている。簡潔にいえばそれが、ベンヤミンの歴史観であった。はたして歴史の進歩は、未来の魅力によってもたらされるものか。それともそれは、過去の恐怖によってもたらされるものか。その「どちらかに軍配をあげよ」となると、正直わたしは困る。ただ歴史に目を向けることは、破局に目を向けることであるというベンヤミンの主張には納得がいく。たとえば社会学史を、社会理論の発展の歴史として思い描くことは自由である。しかし発展の歴史は、破局の歴史とまったく等価である。わたしたちは空の鳥を追ったり、野の花を探したりしながら、死体から離れたり、瓦礫から逃れたりしているのである。すべての社会学者や社会学説は歴史の進歩とともに、死体や瓦礫と化していく。

それは社会学が、理論的な突破の過程である以上やむをえないことである。本書でわたしは、そのような死体や瓦礫の葬送をしたつもりはない。どちらかといえば死体を目覚めさせ、瓦礫を元通りにすることが、ここでのわたしの願いであった。そんなことが実現できた、と胸を張っていうつもりはさらさらない。しかし歴史の探訪者である、わたしの目に先人たちはどう映ったか。――わたしはかれらが、予想以上に「生きた存在」であることに驚いた。流行が繰り返すというのは、服飾の世界では常識である。わたしは社会学界にも、それに似た側面があると思う。すなわち大事なことは、すでに一通り語られているということである。社会学者は同じことを、繰り返し語り続けているだけかもしれない。ともあれ社会学者は、一ヤードでも前にボールを運ぼうとする挑戦をいまも続けている。そのなかからやがて、ビッグプレイでタッチダウンを奪う「偉大な社会学者」も生まれるのであろう。

わたしが社会学を専攻したのは、大学院に入ってからである。一般に専攻というのは、お仕着せのようなものである。それに身を合わせるのには、種々の努力が必要である。わたしも社会学に身を合わせるのに、ずいぶん苦労した。やがて社会学を、教わる側から教える側に立場が変わった。しかし社会学が身の丈に合っているのか、という疑念が消え去ることはなかった。数年前に『社会学』を書いたとき、こう思った。やっとこれで、自分も半人前になった、と。今回『社会学の歴史』を書いて、ようやく一人前の社会学者になったような気もする。――本書は最初、東京大学出版会の佐藤修氏（平成二一年にご定年でご退職）、宗司光治氏との談論のなかで構想された。両氏の果敢かつ堅実なエディターシップがなければ、本書が世に出ることはなかった。イラストレーターの谷山彩子氏は「歴史に生気を吹き込む」、という難題に見事に応えて下さった。とくに記して、謝意を申し上げる。

平成二二年　八月　鎌倉にて

奥井智之

文献一覧

【凡例】

① 本文で用いた邦語文献を、章ごとに、原著の刊行順に記載した。
② 本文で用いた邦語文献であっても、社会学史と直接関係のないものは省略した。
③ 10—12章については記載が、項目ごとにまとめられている。
④ 版が複数ある場合は、入手や読解が容易なものを優先した。
⑤ 訳書については書名が、本文での表記と一致していないものがある。

1章　前史

『ギルガメシュ叙事詩』月本昭男訳、岩波書店、一九九六年
『創世記』(『聖書』新共同訳) 日本聖書協会、一九八七年
トゥキュディデス『歴史』全二巻、藤縄謙三・城江良和訳、京都大学学術出版会、二〇〇〇—〇三年
プラトン『国家』上・下、藤沢令夫訳、岩波文庫、一九七九年
アリストテレス『政治学』山本光雄訳、岩波文庫、一九六一年
『プルタルコス英雄伝』全三冊、村川堅太郎編、ちくま学芸文庫、一九九六年
アウグスティヌス『神の国』全五冊、服部英次郎・藤本雄三訳、岩波文庫、一九八二—九一年

G・ピコ・デッラ・ミランドラ『人間の尊厳について』大出哲ほか訳、国文社、一九八五年
H・グロティウス『戦争と平和の法』全三巻、一又正雄訳、酒井書店・育英堂、一九七二年
T・ホッブズ『リヴァイアサン』全四冊、水田洋訳、改訳版、岩波文庫、一九八二―九二年
A・N・ホワイトヘッド『過程と実在』上・下、山本誠作訳（『ホワイトヘッド著作集』第一〇巻、第一一巻）松籟社、一九八四―八五年。平林康之訳、全二冊、みすず書房、一九八一―八三年
A・P・ダントレーヴ『自然法』久保正幡訳、岩波書店、一九五二年

2章　コント

A・スミス『道徳感情論』上・下、水田洋訳、岩波文庫、二〇〇三年
E・バーク『フランス革命についての省察』全二冊、水田洋・水田珠枝訳、中公クラシックス（中央公論新社）二〇〇二―〇三年。半沢孝麿訳『フランス革命の省察』みすず書房、一九七八年
C・サン＝シモン『産業者の教理問答』森博訳、岩波文庫、二〇〇一年
A・コント『社会再組織に必要な科学的作業のプラン』霧生和夫訳（『コント　スペンサー』中公バックス・世界の名著・第四六巻所収）中央公論社、一九八〇年。飛沢謙一訳『社会再組織の科学的基礎』岩波文庫、一九三七年
A・コント『実証哲学講義』第四巻、霧生和夫抄訳（前掲『コント　スペンサー』所収）中央公論社、一九八〇年
清水幾太郎『オーギュスト・コント』岩波新書、一九七八年

3章　マルクスとエンゲルス

G・W・F・ヘーゲル『法の哲学』全二冊、藤野渉・赤沢正敏訳、中公クラシックス（中央公論新社）二〇〇一年
L・A・フォイエルバッハ『キリスト教の本質』上・下、船山信一訳、岩波文庫、一九六五年
F・エンゲルス『イギリスにおける労働者階級の状態』全二冊、全集刊行委員会訳、国民文庫（大月書店）一九七一年
K・マルクス、F・エンゲルス『ドイツ・イデオロギー』新編輯版、廣松渉編訳、小林昌人補訳、岩波文庫、二〇〇二年
K・マルクス、F・エンゲルス『共産党宣言』大内兵衛・向坂逸郎訳、改訳版、岩波文庫、一九七一年
K・マルクス『経済学批判』武田隆夫ほか訳、岩波文庫、一九五六年
K・マルクス『資本論』第一巻、岡崎次郎訳（『マルクス＝エンゲルス全集』第二三巻、全二冊）大月書店、一九六五年
E・H・カー『カール・マルクス』石上良平訳、未來社、一九五六年（新版、九八年）
R・コリンズ『ランドル・コリンズが語る社会学の歴史』友枝敏雄ほか訳、有斐閣、一九九七年
S・クルトワほか『共産主義黒書』全二冊、外川継男・高橋武智訳、恵雅堂出版、二〇〇一―〇六年

4章　フロイト

J・ブロイアー、S・フロイト『ヒステリー研究』上・下、金関猛訳、ちくま学芸文庫、二〇〇四年。芝伸太郎訳（『フロイト全集』第二巻）岩波書店、二〇〇八年

S・フロイト『夢解釈Ⅰ』新宮一成訳（『フロイト全集』第四巻）岩波書店、二〇〇七年。『夢判断』上・下、高橋義孝訳、新潮文庫、一九六九年（改版、二〇〇五年）
S・フロイト『トーテムとタブー』西田越郎訳（『フロイト著作集』第三巻所収）人文書院、一九六九年。門脇健訳（『フロイト全集』第一二巻所収）岩波書店、二〇〇九年
S・フロイト『自我とエス』中山元訳（『自我論集』所収）ちくま学芸文庫、一九九六年。道籏泰三訳（『フロイト全集』第一八巻所収）岩波書店、二〇〇七年
S・フロイト『みずからを語る』家高洋・三谷研爾訳（前掲『フロイト全集』第一八巻所収）岩波書店、二〇〇七年
S・フロイト『幻想の未来／文化への不満』中山元訳、光文社古典新訳文庫、二〇〇七年
J・オルテガ＝イ＝ガセット『大衆の反逆』桑名一博訳、白水社、一九八五年。神吉敬三訳、ちくま学芸文庫、一九九五年。
T・パーソンズほか『家族』橋爪貞雄ほか訳、黎明書房、一九八一年（新装版、二〇〇一年）
P・ゲイ『フロイト』全二冊、鈴木晶訳、みすず書房、一九九七―二〇〇四年

5章　ジンメル

G・ジンメル『社会分化論』居安正訳（『現代社会学大系』第一巻所収）青木書店、一九七〇年
G・ジンメル『貨幣の哲学』上・下、居安正ほか訳（『ジンメル著作集』第二巻、第三巻）白水社、一九九四年
G・ジンメル「大都市と精神生活」居安正訳（『ジンメル著作集』第一二巻所収）白水社、一九九四年

G・ジンメル『社会学』上・下、居安正訳、白水社、一九九四年
G・ジンメル「橋と扉」酒田健一訳（『ジンメル著作集』第一二巻所収）白水社、一九九四年。鈴木直訳（『ジンメル・コレクション』所収）ちくま学芸文庫、一九九九年
G・ジンメル『社会学の根本問題』清水幾太郎訳、岩波文庫、一九七九年

6章　デュルケーム

E・デュルケーム『社会分業論』田原音和訳（『現代社会学大系』第二巻）青木書店、一九七一年
E・デュルケーム『社会学的方法の規準』宮島喬訳、岩波文庫、一九七八年
E・デュルケーム『自殺論』宮島喬訳、中公文庫、一九八五年
E・デュルケーム『宗教生活の原初形態』上・下、古野清人訳、岩波文庫、一九七五年
R・コリンズ『脱常識の社会学』井上俊・磯部卓三訳、岩波書店、一九九二年

7章　ウェーバー

マックス・ウェーバー（以下、M・ウェーバー）『東エルベ・ドイツにおける農業労働者の状態』肥前栄一訳、未來社、二〇〇三年
M・ウェーバー「国民国家と経済政策」中村貞二訳（『政治論集Ⅰ』所収）みすず書房、一九八二年
M・ウェーバー『社会科学と社会政策にかかわる認識の「客観性」』富永祐治・立野保男訳、折原浩補訳、岩波文庫、一九九八年
M・ウェーバー『プロテスタンティズムの倫理と資本主義の精神』大塚久雄訳、改訳版、岩波文庫、一九

八九年。中山元訳、日経BP社、二〇一〇年
M・ウェーバー『社会学の根本概念』清水幾太郎訳、岩波文庫、一九七二年。『社会学の基礎概念』阿閉吉男・内藤莞爾訳、恒星社厚生閣、一九八七年
M・ウェーバー『支配の諸類型』世良晃志郎訳、創文社、一九七〇年
M・ウェーバー『職業としての政治／職業としての学問』中山元訳、日経BP社、二〇〇九年
マリアンネ・ウェーバー『マックス・ウェーバー』大久保和郎訳、みすず書房、一九六三年

8章　シカゴ学派

W・I・トマス、F・W・ズナニエツキ『ヨーロッパとアメリカにおけるポーランド農民』桜井厚抄訳（『生活史の社会学』所収）御茶の水書房、一九八三年
N・アンダーソン『ホーボー』上・下、広田康生訳、ハーベスト社、一九九九―二〇〇〇年
R・E・パーク、E・W・バージェスほか『都市』大道安次郎・倉田和四生訳、鹿島出版会、一九七二年
R・E・パーク「人間の移住とマージナル・マン」好井裕明訳（『実験室としての都市』所収）御茶の水書房、一九八六年
G・H・ミード『精神・自我・社会』稲葉三千男ほか訳（『現代社会学大系』第一〇巻）青木書店、一九七三年
H・ブルーマー「『ポーランド農民』の評価」桜井厚訳（前掲『生活史の社会学』所収）御茶の水書房、一九八三年
R・E・パーク「自伝的ノート」町村敬志訳（前掲『実験室としての都市』所収）御茶の水書房、一九八

六年
W・F・ホワイト『ストリート・コーナー・ソサエティ』奥田道大・有里典三訳、有斐閣、二〇〇〇年
H・ブルーマー「シンボリックな相互作用としての社会」後藤将之訳（『シンボリック相互作用論』所収）勁草書房、一九九一年
S・ヴェンカテッシュ『ヤバい社会学』望月衛訳、東洋経済新報社、二〇〇九年

9章　パーソンズ

K・マンハイム『変革期における人間と社会』福武直訳、みすず書房、一九六二年
T・パーソンズ『社会的行為の構造』全五冊、稲上毅・厚東洋輔ほか訳、木鐸社、一九七四―八九年
F・A・ハイエク『隷従への道』一谷藤一郎・一谷映理子訳、東京創元社、一九九二年
T・パーソンズ『社会体系論』佐藤勉訳（『現代社会学大系』第一四巻）青木書店、一九七四年
T・パーソンズ、N・J・スメルサー『経済と社会』全二冊、富永健一訳、岩波書店、一九五八―五九年
C・W・ミルズ『社会学的想像力』鈴木広訳、紀伊国屋書店、一九六五年（新装版、九五年）
T・パーソンズ『社会類型』矢沢修次郎訳、至誠堂、一九七一年
T・パーソンズ『近代社会の体系』井門富二夫訳、至誠堂、一九七七年
高城和義『パーソンズの理論体系』日本評論社、一九八六年

10章　マートン、シュッツ、ガーフィンケル、ゴッフマン、ベッカー

R・K・マートン『社会理論と社会構造』改訂版、森東吾ほか訳、みすず書房、一九六一年

T・S・クーン『科学革命の構造』中山茂訳、みすず書房、一九七一年
A・シュッツ『社会的世界の意味構成』佐藤嘉一訳、改訳版、木鐸社、二〇〇六年
A・シュッツ、T・パーソンズ『社会的行為の理論論争』佐藤嘉一訳、改訳版、木鐸社、二〇〇九年
A・シュッツ『社会的現実の問題』全二冊、渡部光ほか訳（『アルフレッド・シュッツ著作集』第一巻、二巻）マルジュ社、一九八三―八五年
A・シュッツ『社会理論の研究』渡部光ほか訳（『アルフレッド・シュッツ著作集』第三巻）マルジュ社、一九九一年
P・L・バーガー『聖なる天蓋』薗田稔訳、新曜社、一九七九年
A・シュッツ『現象学的哲学の研究』渡部光ほか訳（『アルフレッド・シュッツ著作集』第四巻）マルジュ社、一九九八年
H・ガーフィンケルほか『エスノメソドロジー』山田富秋ほか訳、せりか書房、一九八七年
H・ガーフィンケルほか『日常性の解剖学』北澤裕・西阪仰訳、マルジュ社、一九八九年
E・ゴッフマン『行為と演技』石黒毅訳、誠信書房、一九七四年
E・ゴッフマン『アサイラム』石黒毅訳、誠信書房、一九八四年
E・ゴッフマン『集まりの構造』丸木恵祐・本名信行訳、誠信書房、一九八〇年
E・ゴッフマン『スティグマの社会学』石黒毅訳、改訂版、せりか書房、二〇〇一年
H・S・ベッカー『アウトサイダーズ』村上直之訳、新泉社、一九七八年（新装版、九三年）
J・I・キツセ、M・B・スペクター『社会問題の構築』村上直之ほか訳、マルジュ社、一九九〇年

11章　ハーバーマス、ルーマン、ブルデュー、フーコー、バウマン

J・ハーバーマス『公共性の構造転換』第二版、細谷貞雄・山田正行訳、未來社、一九九四年
T・W・アドルノ、K・ポパーほか『社会科学の論理』城塚登・浜井修訳、河出書房新社、一九七九年
J・ハーバーマス「近代・未完のプロジェクト」三島憲一訳（『近代・未完のプロジェクト』所収）岩波書店、二〇〇〇年
J・ハーバーマス『コミュニケイション的行為の理論』全三巻、河上倫逸ほか訳、未來社、一九八五―八七年
N・ルーマン「社会学的啓蒙」土方昭訳（『法と社会システム』所収）改訳版、新泉社、一九八八年
N・ルーマン『信頼』野崎和義・土方透訳、未來社、一九八八年。大庭健・正村俊之訳、勁草書房、一九九〇年
J・ハーバーマス、N・ルーマン『批判理論と社会システム理論』佐藤嘉一ほか訳、木鐸社、一九八七年
N・ルーマン『権力』長岡克行訳、勁草書房、一九八六年
N・ルーマン『社会システム理論』上・下、佐藤勉監訳、恒星社厚生閣、一九九三―九五年
M・フーコー『狂気の歴史』田村俶訳、新潮社、一九七五年
M・フーコー『臨床医学の誕生』神谷美恵子訳、みすず書房、一九六九年
M・フーコー『言葉と物』渡辺一民・佐々木明訳、新潮社、一九七四年
M・フーコー『監獄の誕生』田村俶訳、新潮社、一九七七年
M・フーコー『知への意志』（『性の歴史Ⅰ』）渡辺守章訳、新潮社、一九八六年
I・カント『判断力批判』上・下、篠田英雄訳、岩波文庫、一九六四年

P・ブルデュー『ディスタンクシオン』全二冊、石井洋二郎訳、藤原書店、一九九〇年
P・ブルデュー『実践感覚』全二冊、今村仁司ほか訳、みすず書房、一九八八―九〇年
P・ブルデュー『ホモ・アカデミクス』石崎晴己・東松秀雄訳、藤原書店、一九九七年
Z・バウマン『近代とホロコースト』森田典正訳、大月書店、二〇〇六年
Z・バウマン『コミュニティ』奥井智之訳、筑摩書房、二〇〇八年
Z・バウマン『アイデンティティ』伊藤茂訳、日本経済評論社、二〇〇七年

12章　福沢諭吉、柳田国男、高田保馬、鈴木栄太郎、清水幾太郎

福沢諭吉『文明論之概略』岩波文庫、一九三一年（改版、六二年）
福沢諭吉『福翁自伝』新訂版、岩波文庫、一九七八年
柳田国男『後狩詞記』（『柳田国男全集』第一巻所収）筑摩書房、一九九九年
柳田国男『時代ト農政』（『柳田国男全集』第二巻所収）筑摩書房、一九九七年
柳田国男『遠野物語』（『柳田国男全集』第二巻所収）筑摩書房、一九九七年
柳田国男『明治大正史世相篇』（『柳田国男全集』第五巻所収）筑摩書房、一九九八年
高田保馬『社会学原理』岩波書店、一九一九年
高田保馬『社会学概論』（『高田保馬・社会学セレクション』第三巻）ミネルヴァ書房、二〇〇三年
高田保馬『階級及第三史観』（『高田保馬・社会学セレクション』第二巻）ミネルヴァ書房、二〇〇三年
高田保馬『勢力論』（『高田保馬・社会学セレクション』第一巻）ミネルヴァ書房、二〇〇三年
戸田貞三『家族構成』新泉社、二〇〇一年

鈴木栄太郎『日本農村社会学原理』（『鈴木栄太郎著作集』第一巻、第二巻）未來社、一九六八年
奥井復太郎『現代大都市論』有斐閣、一九四〇年
鈴木栄太郎『都市社会学原理』（『鈴木栄太郎著作集』第六巻所収）未來社、一九六九年
清水幾太郎『社会学批判序説』（『清水幾太郎著作集』第一巻所収）講談社、一九九二年
清水幾太郎『社会と個人』（『清水幾太郎著作集』第一巻所収）講談社、一九九二年
清水幾太郎『流言蜚語』（『清水幾太郎著作集』第二巻所収）講談社、一九九二年
清水幾太郎『社会学講義』（『清水幾太郎著作集』第七巻）講談社、一九九二年
清水幾太郎『社会心理学』（『清水幾太郎著作集』第九巻所収）講談社、一九九二年
清水幾太郎『論文の書き方』岩波新書、一九五九年
清水幾太郎『現代思想』（『清水幾太郎著作集』第一二巻）講談社、一九九三年
清水幾太郎『倫理学ノート』（『清水幾太郎著作集』第一三巻）講談社、一九九三年

万巻の書を読み千里の道を行く

人名索引

ア

アウグスティヌス（Aurelius Augustinus） 29
浅野 晃 283-284
アドルノ（Theodor W. Adorno） 109, 170, 238, 241
網野善彦 105
アリストテレス（Aristotelēs） 26-28, 48
アルチュセール（Louis Althusser） 129, 147, 245
アルバート（Hans Albert） 241
アレン（Woody Allen） 81-83
アーレント（Hannah Arendt） 109, 170
アロン（Raymond C. F. Aron） 109, 129
イエス・キリスト（Jesus Christ） 11, 195, 219
ウィットフォーゲル（Karl A. Wittfogel） 170, 238
ウェーバー（Max Weber） 91, 106-108, 112-114, 133, 145-165, 176, 180, 196-197, 203, 206, 216, 220, 244, 250
ヴェンカテッシュ（Sudhir Venkatesh） 187-188
ヴェンダース（Wim Wenders） 112
エリアス（Norbert Elias） 109, 170
エンゲルス（Friedrich Engels） 57-77, 111, 159, 180, 250
奥井復太郎 270, 272
折口信夫 104
オルテガ（José Ortega y Gasset） 98, 236-237

カ

ガーフィンケル（Harold Garfinkel） 109, 197, 223-225
カロリーヌ・マッサン（Caroline Massin） 45
カント（Immanuel Kant） 134, 249
キツセ（John I. Kitsuse） 230
ギデンズ（Anthony Giddens） 252
キューブリック（Stanley Kubrick） 15-16
クルトワ（Stéphane Courtois） 61
クレッチュマー（Ernst Kretschmer） 147, 149
グロティウス（Hugo Grotius） 31-32
クロティルド・ド・ヴォー（Clotilde de Vaux） 45-46, 54
クーン（Thomas S. Kuhn） 216
ゲーテ（Johann W. von Goethe） 37-39, 147
ゴッフマン（Erving Goffman） 109, 178, 226-229
コリンズ（Randall Collins） 62-63, 125, 137, 278
コント（Auguste Comte） 35-56, 111-113, 130-131, 155, 208-209, 263

サ

サムナー（William G. Samner） 131
サン＝シモン（Saint-Simon） 46-47, 52
清水幾太郎 40, 165, 273-275
シュッツ（Alfred Schutz） 109, 170, 219-223
新明正道 278
ジンメル（Georg Simmel） 91, 101-122, 133, 135, 177-178, 182-183, 196, 268-269
鈴木栄太郎 270-272
ズナニエツキ（Florian W. Znaniecki） 179-181, 186
スペクター（Malcolm Spector） 230
スペンサー（Herbert Spencer） 40, 131, 262
スミス（Adam Smith） 53, 55, 71, 75-76, 134, 201

タ

高田保馬 267-271
建部遯吾 267, 270
チャップリン（Charles Chaplin） 235-237
ツヴァイク（Stefan Zweig） 5-6
デュルケーム（Emile Durkheim） 54, 91, 97, 106, 108-109, 113, 123-143, 164, 180, 203-204, 216
戸田貞三 270-271
トマス（William I. Thomas） 177-181, 186, 226
富永健一 195-196, 275, 278
外山正一 267
ドラッカー（Peter F. Drucker） 109, 170

ナ

夏目鏡子 148, 152
夏目漱石 147-149, 155
ニスベット（Robert A. Nisbet） 3, 217
ニーチェ（Friedrich W. Nietzsche） 92, 147
野村一夫 277

ハ

ハイエク（Friedrich A. von Hayek） 198-199
ハイルブローナー（Robert L. Heilbroner） 6
バウマン（Zygmunt Bauman） 74, 109, 117, 181, 251-253, 257-259, 262
バーガー（Peter L. Berger） 109, 222
バーク（Edmund Burke） 39
パーク（Robert E. Park） 177, 181-184, 186
バージェス（Ernest W. Burgess） 177, 181-184, 186
パーソンズ（Talcott Parsons） 33, 40, 94-95, 185 189-210, 216-223, 241-242
服部之総 5-6
ハーバーマス（Jürgen Habermas） 238-244, 282
パレート（Vilfredo Pareto） 202-204
ピコ・デッラ・ミランドラ（Giovanni Pico della Mirandola） 29-30
フェノロサ（Ernest F. Fenollosa） 267
フォイエルバッハ（Ludwig A. Feuerbach） 70
福沢諭吉 42, 260-263
フーコー（Michel Foucault） 129, 245-248
フーシェ（Joseph Fouché） 4-6
フッサール（Edmund Husserl） 221

事項索引

タ

ナ

ハ

マ

ヤ

ラ

ワ

関連年表

西暦(和暦)	社会学史	西暦(和暦)	社会史
1759(宝暦 9)	スミス『道徳感情論』		
1776(安永 5)	スミス『国富論』	1789(寛政元)	フランス革命
1790(寛政 2)	バーク『フランス革命についての省察』	1791(寛政 3)	フランス，ル＝シャプリエ法制定(同業組合の禁止)
1798(寛政 10)	コント生		
1818(文政元)	マルクス生	1804(文化元)	ナポレオン，皇帝となる
1820(文政 3)	エンゲルス生	1814(文化 11)	ナポレオン退位
1822(文政 5)	コント『社会再組織に必要な科学的作業のプラン』	1815(文化 12)	ナポレオン復位，再退位(百日天下)．ウィーン議定書調印
1823(文政 6)	サン＝シモン『産業者の教理問答』(～ 24)		
1830(天保元)	コント『実証哲学講義』(～ 42)	1830(天保元)	パリで七月革命．アメリカ，インディアン強制移住
1835(天保 6)	トクヴィル『アメリカのデモクラシー』(～ 40)	1832(天保 3)	ゲーテ没(1749 ～)
1839(天保 10)	コント「社会学(sociologie)」という用語を創案		
1844(弘化元)	マルクスとエンゲルス，パリで再会．エンゲルス『イギリスにおける労働者階級の状態』		
1845(弘化 2)	マルクスとエンゲルス『ドイツ・イデオロギー』▼唯物史観		
1848(嘉永元)	マルクスとエンゲルス『共産党宣言』	1848(嘉永元)	パリで二月革命．欧州ほぼ全域で蜂起(1848 年革命)
1849(嘉永 2)	マルクス，ロンドンに亡命．コント，人類教を創始		
1856(安政 3)	フロイト生		
1857(安政 4)	コント没		
1858(安政 5)	3 月ジンメル生．4 月デュルケーム生		
1860(万延元)	福沢諭吉，咸臨丸で渡米	1862(文久 2)	アメリカで自営農地法(ホームステッド法)制定▼西漸運動

西暦(和暦)	社会学史	西暦(和暦)	社会史
		1863(文久3)	リンカーン，奴隷解放宣言
1864(元治元)	ウェーバー生	1864(元治元)	国際労働者連盟(第一インターナショナル)設立(～76)
1867(慶応3)	マルクス『資本論』第1巻	1868(明治元)	明治維新
		1870(明治3)	普仏戦争．フランス，第三共和政に移行．ロックフェラー，スタンダード石油を設立
1872(明治5)	ドイツ社会政策学会設立	1871(明治4)	フランス，アルザス＝ロレーヌをドイツに割譲．シカゴ大火
1875(明治8)	サムナー，イェール大学で「社会学」を講義．福沢諭吉『文明論之概略』	1874(明治7)	民撰議院設立建白書▼自由民権運動
		1877(明治10)	東京大学設立
1878(明治11)	フェノロサ，東京大学で「世態学」を講義	1878(明治11)	ドイツで社会主義者鎮圧法制定
1883(明治16)	マルクス没．エンゲルス『空想から科学へ』，有賀長雄『社会学原理』(～84)	1882(明治15)	福沢諭吉『時事新報』を発刊
		1883(明治16)	ドイツで疾病保険法制定▼飴と鞭
1885(明治18)	デュルケーム，ドイツ留学(～86)	1886(明治19)	東京大学を帝国大学に改組
1887(明治20)	デュルケーム，ボルドー大学講師．テンニース『ゲマインシャフトとゲゼルシャフト』	1887(明治20)	アメリカ，インディアン保留地を指定
		1889(明治22)	ブラジル国旗に，コントの標語「秩序と進歩」が記される
1890(明治23)	ジンメル『社会分化論』	1890(明治23)	ドイツ社会民主党結成．アメリカでシャーマン反トラスト法成立
1892(明治25)	シカゴ大学に社会学部開設		
1893(明治26)	帝国大学に社会学講座を設置(外山正一担当)．デュルケーム『社会分業論』		
1894(明治27)	『アメリカ社会学雑誌』創刊	1894(明治27)	ドレフュス事件(～1906)
1895(明治28)	エンゲルス没．デュルケーム『社会学的方法の規準』，ウェーバー「国民国家と経済政策」(フライブルク大学教授就任講演)	1895(明治28)	樋口一葉『十三夜』

西暦(和暦)	社会学史	西暦(和暦)	社会史
1896(明治 29)	フロイト「精神分析」という言葉を使い始める		
1897(明治 30)	ウェーバー，ハイデルベルク大学教授．デュルケーム『自殺論』	1897(明治 30)	京都帝国大学設立，帝国大学を東京帝国大学と改称
1898(明治 31)	デュルケーム『社会学年報』を創刊(～ 1913)	1898(明治 31)	ゾラ「わたしは告発する！」
1899(明治 32)	ヴェブレン『有閑階級の理論』		
1900(明治 33)	ウェーバー，神経疾患のためハイデルベルク大学を休職．ジンメル『貨幣の哲学』，フロイト『夢解釈』	1900(明治 33)	漱石，イギリス留学(～ 03)
1902(明治 35)	パーソンズ生．デュルケーム，ソルボンヌ大学講師		
1903(明治 36)	ウェーバー，ハイデルベルク大学教授を辞職．建部遯吾，東京帝国大学に「社会学研究室」を開設	1903(明治 36)	建部遯吾，対露強硬論を主張
1904(明治 37)	ウェーバー，アメリカ旅行．ウェーバー『アルヒーフ』の編集に従事．ウェーバー「客観性」論文，ウェーバー「倫理」論文(～ 05)	1904(明治 37)	日露戦争(～ 05)
1907(明治 40)	米田庄太郎，京都帝国大学講師(高田保馬を指導)	1906(明治 39)	ドレフュスに無罪判決
1908(明治 41)	ジンメル『社会学』		
1909(明治 42)	柳田国男『後狩詞記』▼日本民俗学		
1910(明治 43)	ドイツ社会学会設立．柳田国男『遠野物語』	1911(明治 44)	森鷗外『雁』
1912(大正元)	デュルケーム『宗教生活の原初形態』	1912(大正元)	夏目漱石『行人』(～ 13)
1913(大正 2)	フロイト『トーテムとタブー』		
1914(大正 3)	ジンメル，シュトラスブルク大学教授	1914(大正 3)	第一次世界大戦(～ 18)
1917(大正 6)	デュルケーム没．ジンメル『社会学の根本問題』	1917(大正 6)	ドイツ，無制限潜水艦作戦．ロシア革命

西暦(和暦)	社会学史	西暦(和暦)	社会史
1918(大正7)	ジンメル没．トマス，シカゴ大学を解雇される．トマスとズナニエツキ『ポーランド農民』(〜20)▼シカゴ学派	1918(大正7)	ドイツ革命．東京帝国大学に新人会生まれる
1919(大正8)	東京帝国大学文学部に社会学科設置．ウェーバー，ヴェルサイユ講和会議に出席．柳田国男，貴族院書記官長を辞任．ウェーバー『職業としての学問』『職業としての政治』，高田保馬『社会学原理』	1919(大正8)	ヴェルサイユ講和会議．ドイツ，ヴァイマル共和国
1920(大正9)	ウェーバー没．ウェーバー『宗教社会学論集』(〜21)		▼アメリカの繁栄(狂騒の20年代)
1921(大正10)	パークとバージェス『社会学概論』		
1922(大正11)	ウェーバー『経済と社会』，高田保馬『社会学概論』	1922(大正11)	イタリアにファシスト政権成立
1923(大正12)	フランクフルト大学社会研究所設立(30〜ホルクハイマーが指導)▼批判的社会理論　フロイト『自我とエス』，アンダーソン『ホーボー』	1924(大正13)	スターリン，権力を掌握
1925(大正14)	パーソンズ，ハイデルベルク大学に留学．パーク，バージェスほか『都市』，高田保馬『階級及第三史観』，ウェーバー夫人『マックス・ウェーバー』		
1928(昭和3)	マッキーヴァー『コミュニティ』	1928(昭和3)	3・15事件(日本共産党への弾圧)
1929(昭和4)	マンハイム『イデオロギーとユートピア』	1929(昭和4)	ニューヨーク株式市場大暴落▼世界大恐慌
1930(昭和5)	オルテガ『大衆の反逆』		
1931(昭和6)	パーソンズ，ハーヴァード大学社会学講師．柳田国男『明治大正史世相篇』		
1932(昭和7)	シュッツ『社会的世界の意味構成』		

西暦(和暦)	社会学史	西暦(和暦)	社会史
1933(昭和 8)	マンハイム，イギリスに亡命▼ユダヤ人社会学者の亡命相次ぐ　清水幾太郎『社会学批判序説』	1933(昭和 8)	ドイツにヒトラー政権．F. ローズヴェルト，ニューディール政策．日本共産党幹部転向声明▼共産主義者の転向相次ぐ
1934(昭和 9)	ミード『精神・自我・社会』		
1935(昭和 10)	マンハイム『変革期における人間と社会』		
1937(昭和 12)	パーソンズ『社会的行為の構造』，戸田貞三『家族構成』，清水幾太郎『流言蜚語』		
1938(昭和 13)	フロイト，ロンドンに亡命	1938(昭和 13)	ドイツ，オーストリアを併合．ナチス，ユダヤ系商店を襲撃・略奪(水晶の夜)
1939(昭和 14)	フロイト没．シュッツ，アメリカに亡命	1939(昭和 14)	独ソ不可侵条約．ドイツ，ポーランド侵攻▼第二次世界大戦(〜 45)
1940(昭和 15)	ベンヤミン，ピレネー山中で自殺．シュッツとパーソンズ往復書簡(〜 41)▼社会的行為の理論論争　高田保馬『勢力論』，鈴木栄太郎『日本農村社会学原理』，奥井復太郎『現代大都市論』	1940(昭和 15)	チャップリン『独裁者』
		1941(昭和 16)	太平洋戦争(〜 45)
		1942(昭和 17)	ナチス，ユダヤ人の大量殺戮を決定▼ホロコースト(〜 45)
1943(昭和 18)	ホワイト『ストリート・コーナー・ソサエティ』	1943(昭和 18)	イタリア，無条件降伏
1944(昭和 19)	ハイエク『隷従への道』	1944(昭和 19)	サイパン島陥落
		1945(昭和 20)	ドイツ，無条件降伏．日本，無条件降伏 ▼冷戦体制(〜 91)
1948(昭和 23)	清水幾太郎『社会学講義』		
		1949(昭和 24)	新制大学設置
1950(昭和 25)	リースマン『孤独な群衆』	1950(昭和 25)	朝鮮戦争(〜 53)．米上院議員マッカーシー，「赤狩り」演説▼マッカーシズム
1951(昭和 26)	フランクフルト大学社会研究所再建．パーソンズ『社会システム』▼構造－機能分析	1951(昭和 26)	サンフランシスコ講和条約，日米安全保障条約
1955(昭和 30)	パーソンズほか『家族』		

西暦(和暦)	社会学史	西暦(和暦)	社会史
1956(昭和31)	パーソンズとスメルサー『経済と社会』▼AGIL図式　ゴッフマン『行為と演技』▼ミクロ社会学	1956(昭和31)	フルシチョフ，スターリン批判
1957(昭和32)	マートン『社会理論と社会構造』改訂版▼中範囲の理論　鈴木栄太郎『都市社会学原理』	1957(昭和32)	チャップリン『ニューヨークの王様』
1959(昭和34)	ミルズ『社会学的想像力』		
1960(昭和35)	ベル『イデオロギーの終焉』，ロストウ『経済成長の諸段階』▼収斂理論	1960(昭和35)	日米安全保障条約改定▼日本の経済成長(日本の奇跡)
1961(昭和36)	ルーマン，ハーヴァード大学に留学(～62．パーソンズに学ぶ)．フーコー『狂気の歴史』，ゴッフマン『アサイラム』	1961(昭和36)	ワイズとロビンス『ウェスト・サイド物語』
1962(昭和37)	ハーバーマス『公共圏の構造転換』，クーン『科学革命の構造』，『シュッツ著作集』(～75)▼現象学的社会学	1962(昭和37)	キューバ危機
1963(昭和38)	ドイツ社会学会でポパーとアドルノが論争▼実証主義論争　ゴッフマン『スティグマ』，ベッカー『アウトサイダーズ』▼ラベリング理論	1965(昭和40)	アメリカ軍による北爆▼ヴェトナム戦争(～73)　ワイズ『サウンド・オブ・ミュージック』
1966(昭和41)	フーコー『言葉と物』，パーソンズ『社会類型』		
1967(昭和42)	ガーフィンケル『エスノメソドロジー研究』▼エスノメソドロジー	1960年代末	▼大学紛争
1968(昭和43)	ドイツ社会学会でルーマンが報告▼ハーバーマスと社会システム論争	1968(昭和43)	キューブリック『2001年宇宙の旅』
1969(昭和44)	ブルーマー『シンボリック相互作用論』		
1970(昭和45)	ルーマン『社会学的啓蒙』(～95)		
1971(昭和46)	バウマン，リーズ大学教授．パーソンズ『近代社会システム』		

西暦(和暦)	社会学史	西暦(和暦)	社会史
1972(昭和 47)	東京大学出版会『社会学講座』(〜76)		
1975(昭和 50)	フーコー『監獄の誕生』		
1976(昭和 51)	フーコー『知への意志』		
1977(昭和 52)	キツセとスペクター『社会問題の構築』▼社会的構築主義	1977(昭和 52)	アレン『アニー・ホール』
1979(昭和 54)	パーソンズ没．ブルデュー『ディスタンクシオン』	1979(昭和 54)	OECD報告書がNICS(新興工業国)に注目
1980(昭和 55)	ブルデュー『実践感覚』		
1981(昭和 56)	ハーバーマス『コミュニケーション行為の理論』		
1982(昭和 57)	コリンズ『社会学的洞察力』	1983(昭和 58)	アレン『カメレオンマン』
1984(昭和 59)	フーコー，エイズで病死．ルーマン『社会システム』	1987(昭和 62)	ヴェンダース『ベルリン・天使の詩』
		1980 年代末	▼アジア NIES(韓国，台湾，香港，シンガポール)の台頭
1989(平成元)	バウマン『近代とホロコースト』	1989(平成元)	東欧革命，ベルリンの壁崩壊
		1990(平成 2)	ドイツ統一
		1991(平成 3)	湾岸戦争，ソ連邦解体
			▼グローバリゼーション，民族大移動第二段
1994(平成 6)	コリンズ『社会学の四つの伝統』	1993(平成 5)	マーストリヒト条約▼EU 統合
1998(平成 10)	ローティ『わたしたちの国を実現する』	1999(平成 11)	日本で自殺急増
2001(平成 13)	バウマン『コミュニティ』	2003(平成 15)	イラク戦争
			▼BRICS(ブラジル，ロシア，インド，中国)の台頭
2004(平成 16)	富永健一『戦後日本の社会学』		
2008(平成 20)	ヴェンカテッシュ『一日だけのギャング・リーダー』	2007(平成 19)	アメリカで住宅バブル崩壊▼世界金融危機

著者略歴
1958年　奈良県に生まれる
1981年　東京大学教養学部教養学科相関社会科学分科卒業
1988年　東京大学大学院社会学研究科博士課程（社会学専攻）単位取得退学
現　在　亜細亜大学経済学部教授
専　攻　社会学

主要著書
『近代的世界の誕生』（弘文堂，1988年）
『60冊の書物による現代社会論』（中公新書，1990年）
『日本問題』（中公新書，1994年；中公eブックス，2002年）
『知とモダニティの社会学』（共著，東京大学出版会，1994年）
『アジールとしての東京』（弘文堂，1996年）
『大人になるためのステップ』（弘文堂，2001年）
『社会学』（東京大学出版会，2004年）

社会学の歴史

2010年9月21日　初　版

［検印廃止］

著　者　奥井智之《おくいともゆき》
発行所　財団法人　東京大学出版会
代表者　長谷川寿一
113-8654 東京都文京区本郷7-3-1 東大構内
電話 03-3811-8814　FAX 03-3812-6958
振替 00160-6-59964
印刷所　株式会社三秀舎
製本所　有限会社永澤製本所

ISBN 978-4-13-052023-2　Printed in Japan